George Downing

Partner-Massage

Mosaik Verlag

Aus dem Amerikanischen von Dr. Renate Zeltner
Titel der amerikanischen Originalausgabe:
The Massage Book
Verlag Random House Inc., New York
Zeichnungen von Anne Kent Rush

Redaktion: Wolf-Eberhard August

Gesamtherstellung Mohndruck Reinhard Mohn OHG, Gütersloh

ISBN 3-570-06254-6

Inhalt

Was ist Partner-Massage?

Partner-Massage ist Kommunikation ohne Worte. Der Körper hat von Natur aus die Fähigkeit, sich zu artikulieren. Die Kommunikation durch Massage ist also nichts Aufgepfropftes, sondern etwas Immanentes.
Partner-Massage ist folglich Kommunikation zwischen zwei Körpern. Notwendig ist jedoch die vollständige Konzentration auf den eigenen Körper und den des Partners, andernfalls findet eine Kommunikation nicht statt.
Der physischen Annäherung des Partners folgt die psychische und geistige. Das Erlebnis physischen Wohlbehagens löst Verkrampfungen jeder Art und seelische Zwänge und führt über Entspannung zur körperlichen und geistigen Harmonisierung, über Zärtlichkeiten zu gesteigerten geistig-kommunizierenden Anregungen, zum Besser-Erkennen des anderen.
Partner-Massage erfüllt somit in erster Linie eine wichtige soziale Funktion.
Partner-Massage ist aber auch eine Art Heilbehandlung; und sie ist nicht, wie manche meinen mögen, eine besonders raffinierte sexuelle Technik. Das heißt nicht, daß die Massage nicht erotisierend wirken kann und darf. Das Erlebnis der physischen und psychischen Gelöstheit kann zur Liebesvereinigung führen. Sie ist jedoch nicht Selbstzweck der Massage.
Eine weitere wichtige Funktion erfüllt die Massage im Kampf gegen Streßerscheinungen, als Fitness-Training und Schönheitsmittel durch Geschmeidigwerden von Haut, Muskulatur und Bindegewebe.
Sie werden während Ihrer Massage-Praxis sicher noch weitere Vorzüge der Massage entdecken. Sie kann bei richtiger Anwendung ein universales Heilmittel im Kampf gegen physische und psychische Abnutzungserscheinungen sein. Chronische Beschwerden und Störungen, Nervosität, Ängste, Zwangsverhalten, Unlustgefühle, Eheschwierigkeiten und Leistungsabfall können vollständig abgebaut werden.
Partner-Massage führt zu körperlicher, psychischer und sozialer Gesundheit.

Ein paar Worte zu diesem Buch

Mit diesem Buch will ich meine Leser in die Kunst des Massierens einführen und zugleich in ihnen Verständnis wecken für Bedeutung und Sinn der Massage.
Im ersten Teil des Buches finden Sie eine Menge praktischer Informationen, Dinge, die Sie wissen sollten, bevor Sie mit dem eigentlichen Massieren beginnen: etwas über die Beschaffenheit von Massageöl oder über den Unterschied zwischen einer Massage auf dem Tisch und der Massage auf dem Boden, und ähnliches mehr. Wenn Sie vom Massieren überhaupt keine Ahnung haben, lege ich Ihnen diese Kapitel besonders ans Herz. Achten Sie vor allem auf das Kapitel »Wie Sie Ihre Hände gebrauchen«. Und auch Leute, die nicht zum ersten Mal in ihrem Leben mit Massage zu tun haben, sollten einen Blick auf diese Abschnitte werfen.
Im zweiten Teil des Buches lernen Sie, wie man mit Reiben, Streichen, Kneten, Klopfen einen Körperteil nach dem anderen gründlich durchmassiert. Die hier beschriebene Methode ist natürlich nur eine von vielen Möglichkeiten und wurde in den letzten Jahren am Esalen-Institut in Big Sur und San Francisco entwickelt. Sie ist die Abwandlung einer hundertjährigen europäischen Praxis, die man meist als »Schwedische Massage« bezeichnet. Doch sind auch manche Techniken, die ich an meinem eigenen Institut lehre, hier geschildert.
Sie können das Buch aufgeschlagen neben sich liegen haben, wenn Sie Ihre ersten Versuche machen.
Doch bevor Sie anfangen, sollten Sie sowohl die kleine Einführung in den Übungsteil als auch die genauen Beschreibungen derjenigen Griffe lesen, die Sie erproben wollen. Noch eins: Nehmen Sie sich nicht zu viel auf einmal vor! Versuchen Sie nicht, mehr als ein halbes Dutzend Griffe bei einer Massage zu lernen. Und wenn es eben möglich ist, sollten Sie das, was Sie gerade zu lernen versuchen, auch am eigenen Leibe erfahren.
Lassen Sie sich nicht entmutigen, wenn Ihnen beim Durchblättern das eine oder andere besonders schwierig vorkommt. In der Praxis ist das alles viel leichter und verständlicher, als es auf dem Papier aussieht. Zahlreiche Leute, die keine Ahnung von Massage hatten, haben einzelne Teile ausprobiert, bevor das Buch in Druck ging, und kein einziger hatte dabei Schwierigkeiten.

Der dritte Teil des Buches soll Ihnen helfen, Ihren ganz persönlichen Massagestil zu finden. Dazu sind ein paar kompliziertere Techniken angefügt sowie Informationen über andere Massageformen. Schließlich einige Bemerkungen über Sinn und Bedeutung von Massage und darüber, wie diese Kenntnisse Sie instand setzen, noch bessere Arbeit zu leisten. Diesen Teil des Buches können Sie lesen, wann Sie Zeit und Lust dazu haben; aber sicher ist es am sinnvollsten, ihn erst dann zu studieren, wenn Ihnen das, was der Übungsteil bietet, schon einigermaßen vertraut ist.

Vorbereitungen für die Massage

Öle und Puder

Zu einer wirklich guten Massage brauchen Sie Öl. Ohne eine Art »Schmiermittel« können Ihre Hände nicht gleichzeitig Druck ausüben und doch sanft über die Hautoberfläche gleiten. Öl ist dafür besser als irgend etwas anderes geeignet.
Am gebräuchlichsten sind pflanzliche und mineralische Öle; was den »Schmiereffekt« angeht, sind beide gleichwertig. In fast allen Massage-Salons wird mineralisches Öl benutzt, weil es billiger ist. Ich selbst bevorzuge pflanzliche Öle. Warum, kann ich nicht genau sagen, das ist wohl mehr Gefühlssache und Gewohnheit.
Es gibt dazu auch eine Theorie, die immer mehr Verbreitung findet. Danach soll pflanzliches Öl gut, mineralisches Öl aber schlecht für die Haut sein, denn – so sagt man – pflanzliches Öl wird leichter von der Haut aufgenommen, während mineralisches Öl die Poren verstopft. Außerdem, so wird argumentiert, führt pflanzliches Öl der Haut Vitamine zu, mineralisches Öl dagegen zerstört bestimmte Wirkstoffe. Und so weiter. Ob all das zutrifft? Ich kann es nicht beweisen und nicht widerlegen, denn ich kenne keine einzige wissenschaftliche Arbeit, die das eine oder andere bestätigt. Aber da mein Gefühl und meine Vorliebe in die gleiche Richtung tendieren und das Gegenteil nicht bewiesen ist, bleibe ich dabei, beim Massieren pflanzliches Öl zu verwenden.
Falls Sie sich nach all dem ebenfalls für ein pflanzliches Massage-Öl entscheiden, kann ich Ihnen sagen, daß es ziemlich egal ist, aus welcher Pflanze dieses Öl gewonnen wird. Jeder Mensch hat da eine ganz bestimmte Vorliebe, ich selbst bin gerade beim Mandelöl angelangt. Olivenöl, Safloröl, Avocado-Öl und verschiedene andere habe ich schon hinter mir; und alle mit dem gleichen guten Ergebnis. Safloröl hat allerdings den Vorzug, relativ billig zu sein. Die meisten Pflanzenöle gibt es vorzugsweise in Reformhäusern. Manche Leute bevorzugen auch Mixturen von verschiedenen Ölen. Auch gegen solche Kombinationen ist nichts einzuwenden. Zur Not, und wenn gar nichts anderes zur Hand ist, tut es auch Babyöl. Doch ist es ein bißchen schwierig anzuwenden, weil es so schnell in die Haut einzieht, so daß man während der Massage alle paar Minuten nachölen muß. Aus dem gleichen Grund sind Handlotions noch weniger geeignet.
Alle Öle, ob mineralischen, pflanzlichen Ursprungs oder sonstwie geartet, sind

entweder geruchlos oder haben manchmal einen unangenehm wirkenden Duft. Deshalb sollten Sie irgend etwas Wohlriechendes zusetzen. Ich für meine Person mag Moschus besonders gern. Ein paar Tropfen genügen für ein Fläschchen Öl. Auch konzentriertes Nelkenöl, Zimtöl oder Zitronenöl eignen sich zur Massage und sind in manchen Drogerien zu haben. Einige Läden bieten parfümierte Importöle aus allen möglichen Ländern in großer Auswahl an.
Übrigens habe ich einmal auch mit Schokoladenöl massiert. Doch es bewährte sich nicht so recht, weil ich während der Massage Appetit auf Schokolade bekam. Besonders aufmerksam gegenüber dem Massage-Partner finde ich es, mehrere, verschieden parfümierte Ölmixturen bereitzuhalten, damit sie oder er sich die Duftnoten aussuchen kann, die ihr oder ihm am liebsten sind. Der Partner läßt sich viel lieber mit seinem Lieblingsöl massieren.
Heben Sie Ihre fertig gemixten und parfümierten Öle am besten in Plastikflaschen auf, die nicht allzu leicht umfallen können und eine möglichst kleine Öffnung haben. In jedem Laden, der Kosmetikartikel verkauft, kann man solche Fläschchen bekommen. Wenn nicht, eignen sich auch leere Shampoo- oder Handlotionflaschen.

Auch mit Puder kann man massieren; allerdings nicht so gut wie mit Öl. Erstens braucht man mehr davon, und außerdem gleiten die Hände auf der Haut nicht so gut. Aber hier und da werden Sie vielleicht doch zum Puder greifen, etwa, wenn ein Partner kein Öl auf der Haut verträgt. Solche Fälle gibt es. Oder, was an sich nicht passieren sollte, wenn Sie gerade kein Öl zur Hand haben. Vielleicht auch nur einmal der Abwechslung wegen. In diesen Fällen genügt irgendein Talcum-Puder. Die Anwendung ist genauso wie beim Öl.
Und wenn einer nur seine Hände benutzen will, ohne alles? Natürlich, auch das ist möglich. Es macht aber eine sensible Massage viel schwieriger. Die meisten Griffe, die in diesem Buch beschrieben sind, lassen sich ohne Öl oder Puder kaum bewerkstelligen. Bei einigen geht es. Generell gilt also: Sie können jederzeit und mit den verschiedensten Mitteln massieren, je nachdem, was Sie gerade zu Hause haben. Aber vielleicht legen Sie sich doch einen kleinen Vorrat an Öl und Puder an.

Massage auf dem Fußboden

Am leichtesten läßt es sich auf einem richtigen Massagetisch massieren. Doch wenn kein passender Tisch zur Verfügung steht, können Sie auch auf dem Fußboden eine Vollmassage ausführen. Es ist allerdings ein bißchen schwieriger und anstrengender für Sie. Doch läßt sich die zusätzliche Mühe durch einige Kunstgriffe auf ein Minimum beschränken.
Warnen muß ich Sie vor dem Bett. Schlafen Sie im Bett, ruhen Sie im Bett, machen Sie darin, was Sie wollen, aber versuchen Sie nicht, im Bett zu massieren. Es ist zu weich. Die Unterlage muß eine bestimmte Festigkeit haben. Beschaffen Sie sich nach Möglichkeit einen Tisch, oder machen Sie es sich auf dem Boden bequem. Sie brauchen vor allem eine gut gepolsterte Unterlage, z. B. eine Schaumgummidecke von vier, fünf Zentimetern Dicke. Sie sollte natürlich ein Stück breiter oder länger sein als Ihr Partner, Ihre Partnerin, die darauf zu liegen haben: 2,20 m × 1,20 m ist ein geeignetes Maß. Schließlich brauchen Sie ja auch selbst, während Sie massieren, irgendeine Unterlage. Bei manchen Massagegriffen müssen Sie dicht neben Ihrem Partner knien, und wenn Sie dann nichts Weiches unter den Knien haben, brauchen Sie die Massage bald nötiger als Ihr Partner.
Ist keine passende Schaumgummiunterlage vorhanden, eignen sich auch ein paar Wolldecken, Schlafsäcke oder eine Matratze, die allerdings möglichst dünn sein sollte. Sie breiten ein sauberes Leinentuch über die Unterlage, bevor Ihr Partner sich darauf ausstreckt. Um die Matratze oder die Decken vor Ölflecken zu schützen, können Sie unter das Leinentuch irgendeine Folie oder Plastikdecke legen.
Die eigentliche Massagetechnik ist beim Massieren auf dem Boden kaum anders als bei der Massage auf dem Tisch. Wo aber spezielle Handgriffe anzuwenden sind, werde ich bei den einzelnen Übungen darauf hinweisen. Noch etwas: Die Massage auf dem Boden sollte nicht zu lange dauern: Sie ermüden sonst zu sehr. Außerdem achten Sie bitte darauf, daß Sie sich so wenig wie möglich bücken, und machen Sie sich's beim Sitzen und Knien bequem. Ihrem Partner wird so eine bessere Massage zuteil, und auch Sie sind gelöster und mit viel mehr Spaß bei der Sache.
Ein Tip zum Schluß: Massage vor prasselndem Kaminfeuer kann ein besonderer Hochgenuß sein.

Der Massage-Tisch

Der wichtigste Vorteil des Tisches ist, daß man sich beim Massieren nicht zu bücken braucht. Ihr Rücken wird auch bei einer längeren Massage nicht müde. Sie können zwischendurch leichter Ihre Stellung verändern und beispielsweise vom Kopfende zum Fußende wechseln, ohne daß der Fluß Ihrer Bewegungen unterbrochen wird. Schließlich sind auf diese Weise manche Körperteile, etwa die Fußsohlen, leichter für Sie zu erreichen. Wenn Sie sich also vorgenommen haben, regelmäßig zu massieren, werden Sie sich früher oder später einen Tisch anschaffen. Vielleicht haben Sie noch irgendwo einen passenden Tisch herumstehen. Sie können natürlich auch einen ganz fachgerechten Massagetisch kaufen oder sich selbst einen zimmern. Das Wichtigste ist in jedem Fall, daß er groß genug ist, damit jeder, den Sie massieren wollen, darauf Platz hat; natürlich muß er auch jedem Gewicht standhalten.

Ein richtiger Massagetisch ist meist etwa 190 cm lang und ca. 65 cm breit. Doch wenn der einzige Tisch, der bei Ihnen dafür in Frage kommt, länger oder, was wahrscheinlicher ist, breiter ist, macht das auch nichts. Dann muß Ihr Partner eben von Zeit zu Zeit die Stellung wechseln, damit Sie ihn überall bequem erreichen können. Das ist zwar ein gewisser Nachteil, aber kein Hindernis. Auch die Tischhöhe ist nicht unwichtig. An einem zu niedrigen Tisch verschwendet man unnötige Kraft durch vieles Bücken; ist der vorhandene Tisch zu hoch, fällt es schwer, genügend Druck anzuwenden. Über die richtige Höhe sind sich die Experten nicht ganz einig, deshalb prüfen Sie die Zweckmäßigkeit Ihres Tisches am besten mit einer kleinen Probemassage. Für einen normal großen Menschen sind 70–90 Zentimeter (einschließlich Auflage) wohl die richtige Höhe.

Der Tisch sollte natürlich auch einigermaßen stabil gebaut sein, damit Ihre Partner nicht ängstlich werden, wenn er bei jeder Bewegung wackelt und ächzt; sie werden dann kaum zur richtigen Entspannung kommen.

Wie bei der Bodenmassage verwenden Sie auch hier eine Auflage, die bequem, aber nicht so weich und elastisch ist, daß der Körper dem wechselnden Druck Ihrer Hände zu stark nachgibt.

Falls Sie keinen Tisch finden, der diesen Anforderungen in etwa entspricht, müßten

Sie einen kaufen oder auch bauen. Einen Tisch bauen kann schwierig oder auch einfach sein, je nachdem, wie geschickt Sie handwerklich sind. Der einfachste und billigste Weg zu einem Massagetisch ist, Sie bauen sich zwei kleine Sägeböcke, 28 Zoll hoch und 24 Zoll breit (oder lassen Sie sich diese von irgendeinem Tischler anfertigen). Dann kaufen Sie sich eine ¾-zöllige Spanplatte, 190 cm × 65 cm, und der Tisch ist fertig.

Wenn Sie sich etwas Komfortableres bauen wollen, so habe ich hier einen Vorschlag für einen sehr stabilen und doch leicht transportierbaren Tisch. Er kann zu einem Paket von der Größe 60 × 90 × 8 cm zusammengeklappt werden.

Zuerst brauchen Sie folgendes:

2 halbzöllige Spanplatten, 24 × 36 Zoll
3 halbzöllige Spanplatten, 22 × 12 Zoll
4 Fichten- oder Tannenholzbretter, 1 × 4 × 36 Zoll
4 Fichten- oder Tannenholzbretter, 1 × 4 × 22,5 Zoll
6 Hölzer, 2 × 2 × 29 Zoll
1 durchgehendes 24-Zoll-Scharnier (ein sogenanntes Klavierband)
6 sogenannte Klappenkonsolen (auch Scheren genannt)
2 Handgriffe
6 Scharniere (3 Zoll) und Schrauben
2 Kofferverschlüsse
8 Messingbeschläge für die Ecken
Nägel (am besten anderthalbzöllig, ohne Köpfe. Größere Nägel spalten das Holz)
Guter Leim

(Diese Maße sind für einen Tisch gedacht, der 30,5 Zoll hoch ist, einschließlich einer Schaumgummiauflage. Wenn Ihr Tisch höher oder niedriger werden soll, variieren Sie die Länge der Tischbeine.)

Der Aufbau:

1. Schneiden Sie die Spanplatten und die Hölzer für Rahmen und Beine auf die richtige Größe.
2. Bauen Sie die Rahmen, verleimen und nageln Sie sie an den Ecken. (Sie können sie auch vernuten, wenn Sie wollen.)
3. Befestigen Sie die Platte auf dem Rahmen, leimen und nageln Sie sie an.
4. Befestigen Sie die Beine an der Unterseite des Tisches, leimen und nageln Sie die Querverbindungen an.
5. Bringen Sie die Klappenkonsolen an. (Das ist etwas kompliziert. Sie müssen ein bißchen ausprobieren, bis Sie die richtige Stelle gefunden haben.)
6. Stellen Sie die beiden Teile des Tisches zusammen.
7. Befestigen Sie Verschlüsse, Griffe und Beschläge.
7. Beizen oder lackieren Sie den Tisch. Legen Sie eine zweieinhalb Zentimeter dicke Auflage auf den Tisch.

Falls Sie einen Tisch kaufen wollen, finden Sie verschiedene brauchbare Modelle auf dem Markt. Ihr größter Vorteil ist, daß sie leicht und tragbar sind, da sie aus

Aluminium bestehen und mit Leder oder Kunstleder bezogen sind. Sie können zu einem handlichen Koffer zusammengelegt werden. Am besten bekommen Sie sie in einem Sanitätsgeschäft.
Was für einen Tisch Sie auch benutzen, legen Sie immer ein sauberes Tuch darauf, bevor Sie massieren. Ein weißes Tuch kann übrigens ungünstige psychologische Wirkungen haben. Nehmen Sie deshalb lieber ein farbiges, damit Ihr Partner nicht das Gefühl hat, auf einem Operationstisch zu liegen. Am besten kaufen Sie ein großes Stück Frottee in leuchtenden Farben.

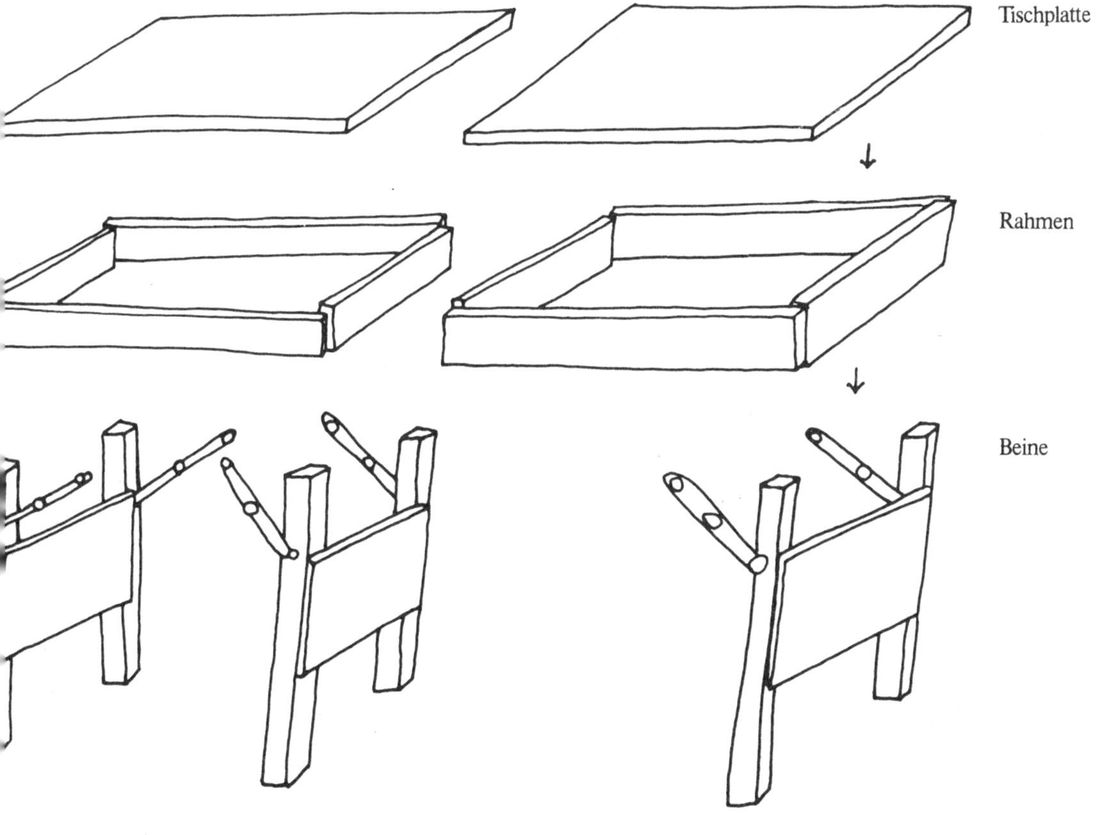

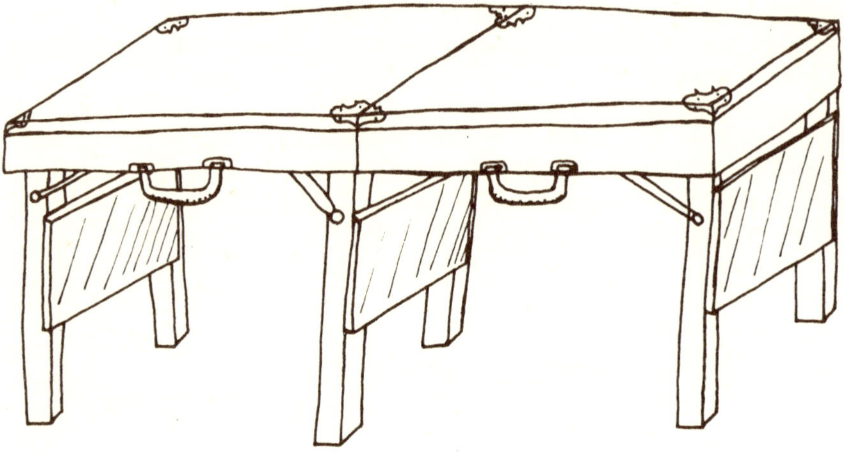

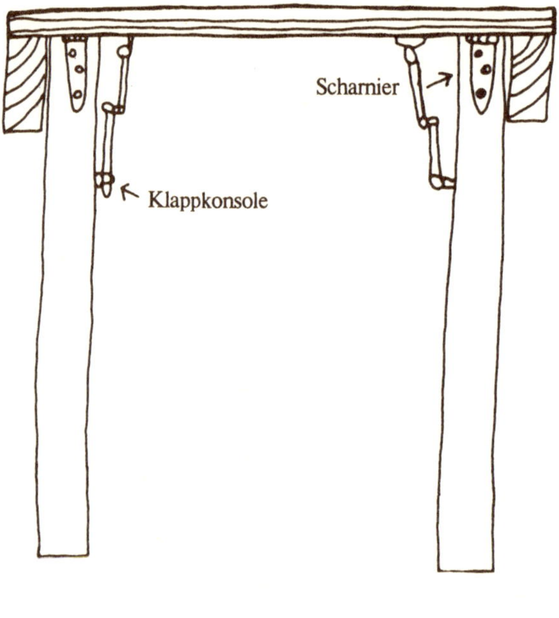
Scharnier
Klappkonsole

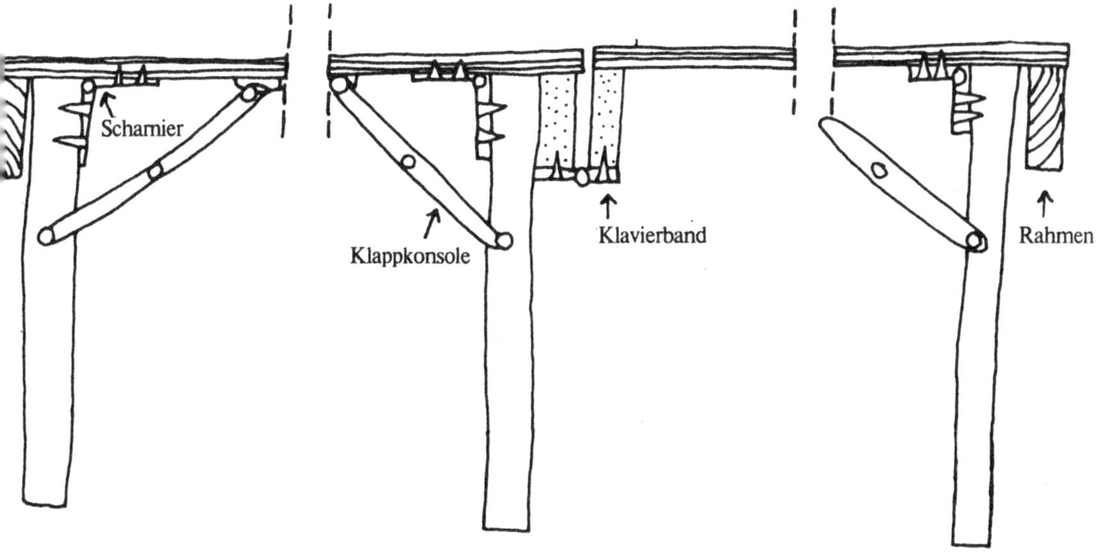
Scharnier
Klappkonsole
Klavierband
Rahmen

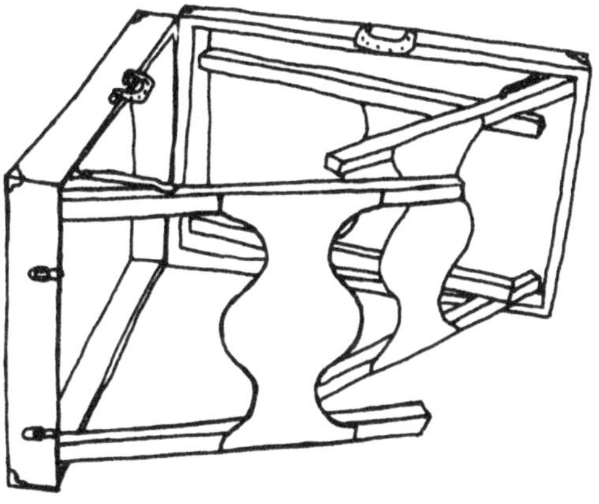

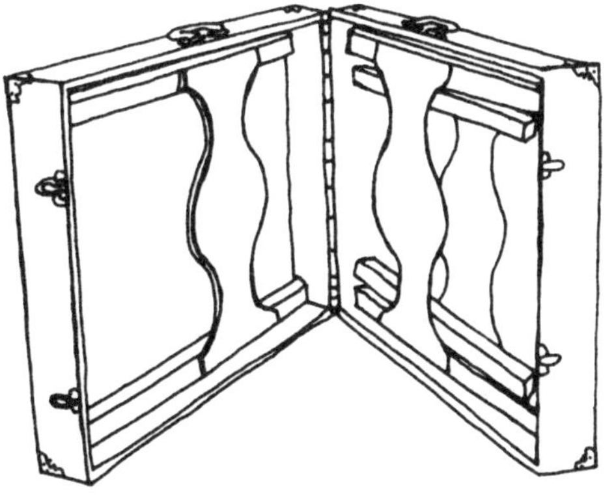

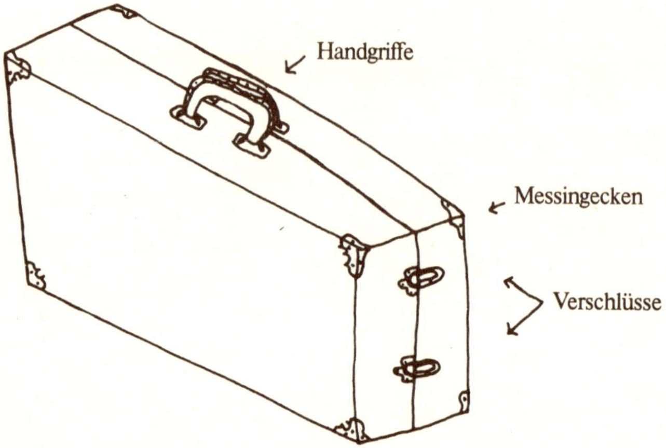
Handgriffe
Messingecken
Verschlüsse

Weitere Vorbereitungen

Eine gute Massage hängt nicht zuletzt von der gründlichen Vorbereitung und dem richtigen Arrangement ab. Ruhe und Ungestörtheit z. B. sind wichtige Voraussetzungen. Jemand, der eine Massage bekommt, dessen Sinne also auf besondere Weise angesprochen werden sollen, wird durch Nebengeräusche oder ständiges Hin und Her bestimmt gestört. Auch die richtige Temperatur spielt eine Rolle. Nichts ist einer Massage abträglicher als ein kalter Raum. Die Zimmertemperatur sollte deshalb bei 21 Grad (Celsius) oder sogar etwas darüber liegen. Es ist viel einfacher, Ihren Partner in Stimmung zu halten, wenn es von Anfang an warm genug ist, als ihn wieder aufzuwärmen, wenn er erst einmal abgekühlt ist. Unter Umständen kann man ein Laken bereithalten, um den Partner überall dort zuzudecken, wo er gerade nicht bearbeitet wird.

Auch das Öl sollte etwa Zimmertemperatur haben.

Direktes Licht, das Ihrem Partner geradewegs ins Auge fällt, ist auszuschalten. Auch wenn er die Augen geschlossen hält, behindert das auf die Lider fallende Licht eine optimale Entspannung.

Musikalische Untermalung während der Massage kann unter Umständen ganz nützlich sein – wie und warum, werde ich an anderer Stelle erläutern. Dennoch rate ich, grundsätzlich darauf zu verzichten. Musik kann einesteils ein zusätzliches Entspannungsmoment in die Atmosphäre des Massageraums bringen, andererseits einem tiefgehenden Massage-Erlebnis abträglich sein. Musik kann ablenken und die Sinne auf eigene Weise gefangennehmen. Doch will ich Ihnen nicht vorenthalten, daß ich ausgezeichnete Masseusen und Masseure kenne, die beim Massieren und beim Massiertwerden gern Musik hören. Hier kommt es für jeden einzelnen also auf einen Versuch an.

Prüfen Sie Ihre Hände vor der Massage: Die Fingernägel müssen so weit wie möglich zurückgeschnitten werden, und die Haut darf natürlich nicht rauh sein. Gründliches Händewaschen vor der Massage ist selbstverständlich. Kalte Hände reibt man kräftig gegeneinander oder wärmt sie an einer Heizung.

Langes Haar wird zurückgesteckt oder hinten zusammengebunden, damit es beim Massieren nicht vor den Augen hängt.

Wer nicht unbekleidet massieren möchte, sollte etwas sehr Bequemes und Leichtes anziehen, damit er sich unbeschwert bewegen kann und auch im gut geheizten Raum nicht ins Schwitzen kommt. Übrigens ist es außerordentlich wohltuend, nackt zu massieren, sofern es keinen der Partner stört; aber warum sollte es? Massieren, besonders wenn es lange dauert, macht durstig; halten Sie deshalb ein Getränk bereit. Aber lassen Sie Ihren Partner nach der Massage zuerst mit geschlossenen Augen ausruhen, solange er das Bedürfnis hat, und bieten Sie ihm erst dann ein erfrischendes Getränk an.
Sollten Sie die Möglichkeit haben, die Massage nach draußen in die Sonne und freie Natur zu verlegen, so ist das natürlich optimal, doch darüber brauche ich keine weiteren Worte zu verlieren.

Was Ihr Partner wissen muß

Es gibt ein paar Dinge, die man wissen sollte, bevor man eine Massage bekommt. Wenn Sie die Masseuse oder der Masseur sind, sollten Sie Ihren Partner über folgendes kurz informieren: Während der Massage ist man am besten nackt. Auch das kleinste Wäschestück oder die Badehose ist im Weg und verhindert, daß die eine oder andere Muskelgruppe so gut durchgearbeitet wird wie der übrige Körper; und gerade dieser kleine Textilrest enthält Ihnen vielleicht den höchsten Reiz einer Massage vor, das Gefühl der Ganzheit und Einheit des Körpers.
Ringe, Armbänder, Ketten, Ohrringe, Brille und alles, was Sie im Haar stecken haben, werden abgenommen. Da auch die Augen massiert werden, müssen Kontaktlinsen ebenfalls abgelegt werden.
Ob Sie sich anfangs auf den Bauch oder den Rücken legen, wird Ihnen Ihr Masseur sagen. In jedem Fall sorgen Sie dafür, daß Ihr Kopf ungefähr mit dem Tischende abschließt. Die Arme werden seitlich neben dem Körper gelagert. Wenn Sie Ihren Platz gefunden haben, schließen Sie die Augen und achten auf Ihre Atmung; dadurch nehmen Sie sofort einen guten Kontakt zu Ihrem ganzen Körper auf. Atmen Sie durch Nase oder Mund, und zwar so lange und tief, wie Sie ohne Anstrengung können. Und nun versuchen Sie, nur noch für diesen Augenblick dazusein, Ihre Gedanken entfliehen zu lassen und ganz zu entspannen und abzuschalten. Von diesem Augenblick an haben Sie nichts weiter zu tun, als sich umsorgen zu lassen. Versuchen Sie nicht etwa, bei der Massage »mitzuhelfen«. Wenn Ihr Arm gehoben werden muß, lassen Sie ihn sich hochheben, wenn Ihr Kopf gedreht werden soll, wird Ihr Masseur ihn für Sie drehen. Jede »Mitarbeit« Ihrerseits bringt nur eine Störung in den entspannenden Fluß der Massage. Ihr Körper soll so schlaff wie möglich sein; wenn man z.B. einen Ihrer Arme hochheben und dann loslassen würde, müßte er wie leblos auf den Tisch oder den Boden fallen. Die einzige Ausnahme: In der Bauchlage drehen Sie den Kopf von sich aus zur einen oder anderen Seite, sobald Sie das Gefühl haben, daß der Nacken steif wird.
Von dem Augenblick an, da Sie den ersten Kontakt zu Ihrer Masseuse, Ihrem Masseur spüren, wenden Sie dieser Berührung Ihre ganze Aufmerksamkeit zu. Gemeint ist natürlich nicht, daß Sie jeden Griff genau analysieren oder sich gar

klarzumachen versuchen, welche Technik gerade angewendet wird. Ganz im Gegenteil: Stellen Sie sich einfach auf diese Berührung ein, ganz so, als ob Sie irgendeiner Stimme lauschten, ohne auf die Bedeutung der Worte zu hören. Gleichzeitig achten Sie während der ganzen Massage auf Ihre Atmung. Dabei können Sie sich vielleicht mit der Vorstellung helfen, daß Ihr Atem in die Richtung jenes Körperteils strömt, der gerade so wohltuend bearbeitet wird.

Je weniger bei einer Massage gesprochen wird, desto besser; bei einer so direkten Begegnung mit Ihrem Körper können Worte nur ablenken. Natürlich sagen Sie es Ihrem Masseur sofort, wenn er Ihnen weh tut, wenn Ihnen kalt ist oder Sie sich aus irgendeinem Grunde unbehaglich fühlen.

Am Ende der Massage sollten Sie nicht gleich aufstehen. Bleiben Sie einen Augenblick lang mit geschlossenen Augen liegen. Genießen Sie noch ein wenig das Gefühl der wohligen Entspannung.

Der Umgang mit dem Öl

Von den verschiedenen Arten und Mischungen des Massageöls war schon die Rede; auch die Anwendung des Öls ist denkbar einfach. Doch ein paar Tips dazu sind vielleicht ganz nützlich. Gießen Sie das Öl nie direkt auf die Haut Ihres Partners, denn für manchen ist das ein unangenehmes Gefühl. Tropfen Sie das Öl erst auf Ihre Hände und reiben Sie dann den Körperteil damit ein, den Sie gerade massieren wollen. Öl kommt immer nur auf die Körperteile, an denen Sie gerade arbeiten, denn sonst werden Sie feststellen, daß das Öl längst in die Haut eingezogen ist, wenn Sie sich den nächsten Körperteil vornehmen.
Reiben Sie das Öl mit beiden Händen in die Haut ein; dabei machen Sie einfache Streichbewegungen, die gleichmäßig, sanft und doch zugleich bestimmt sein sollen. Das gilt vor allem dann, wenn Sie am Anfang der Massage zum erstenmal Öl auftragen. Es hilft Ihrem Partner sicherlich, sich zu entspannen, wenn ihm die erste Berührung durch Sie ein Gefühl des Vertrauens und der Sicherheit gibt.
Eine behaarte Männerbrust, behaarte Beine und Rücken brauchen eine Extraportion Öl; sonst reißen Sie Ihrem Partner die Haarpracht aus, wenn Sie kräftig darüberstreichen.

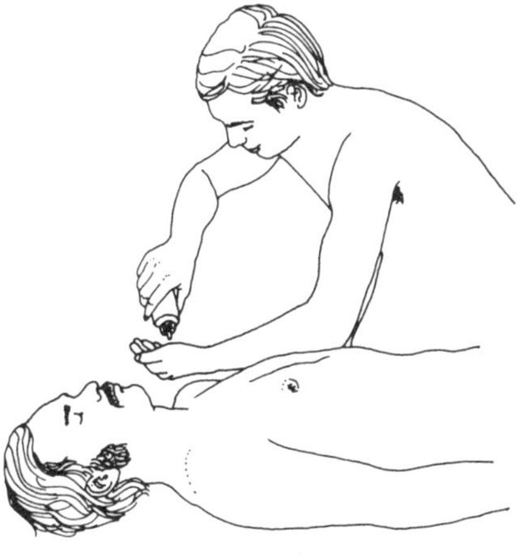

Eine Generalregel für jede Massage heißt, daß Sie versuchen sollten, von der ersten Berührung Ihres Partners bis zum Ende der Massage stets wenigstens eine Hand in Kontakt mit seinem Körper zu halten. Das ist gar nicht so einfach, wenn Sie z.B. Öl nachgießen müssen: Mit der einen Hand halten Sie die Ölflasche, in die andere tropfen Sie das Öl. Am besten liegt dann Ihr Ellbogen oder der Unterarm auf dem Körper Ihres Partners. Sie fühlen sich dabei zunächst ein bißchen behindert, aber mit der Zeit wird es Ihnen selbstverständlich.

Und noch eine Kleinigkeit zum Schluß: Ich habe Jahre gebraucht, bis ich auf die Idee kam, zwei Ölflaschen in der Nähe der beiden Tischenden zu placieren, statt mich ständig von einem Ende zum anderen zu hangeln. Damit erspare ich mir jetzt viele unnötige Schritte und akrobatische Verrenkungen. Vielleicht tun Sie das auch.

Wie Sie Ihre Hände gebrauchen

Das A und O jeder Massage ist, daß Sie beim Massieren mit Ihren Händen im Einklang sind. Und je länger Sie massieren, desto näher werden Sie diesem Ziel kommen. Hände sind höchst sensible Körperteile; und es dauert eine Weile, bis man sie wirklich kennt. Ich selbst entdecke bei der »Arbeit mit den Händen« immer wieder Neues und weiß heute, daß ich bestimmt nie auslernen werde.
Ich empfehle Ihnen dringend, sich durch die folgenden Bemerkungen hindurchzubeißen und auch das kleine Experiment, das am Schluß vorgeschlagen ist, zu versuchen. Und haben Sie bitte Geduld; erwarten Sie nicht, daß Ihnen eine Kunst, an der man ein ganzes Leben lernen kann, über Nacht zufliegt.

Hier nun ein paar Tips:

Etwas über den Druck. Die verschiedenen Griffe und Striche müssen mit ganz unterschiedlichem Druck ausgeführt werden, je nach der Art des Strichs und dem Körperteil, der gerade behandelt wird. Ein gewisser Druck ist fast überall notwendig. Anfänger befürchten meist – bewußt oder unbewußt –, dem Partner weh zu tun, und sind deshalb allzu zaghaft. Das ist aber gar nicht angebracht, denn so zerbrechlich ist kein Mensch. Druck – das spüren Sie am eigenen Körper, wenn Sie selbst einmal massiert werden – tut ausgesprochen gut. Sie müssen nur die Intensität des Druckes variieren können.

Entspannen Sie Ihre Hände. Halten Sie sie beim Massieren so locker und beweglich wie möglich. Das ist gar nicht so einfach und bestimmt nicht so leicht, wie es sich anhört; denn erstens ist es schwieriger, einen bewegten Körperteil zu entspannen als einen in Ruhe befindlichen, und zweitens hat jeder Mensch, ohne es zu wissen, eine ständige Spannung in den Händen. Doch man kann diese Spannung loswerden; etwa dadurch, daß man massiert. All das lernt man natürlich nicht so schnell; manchmal dauert es Monate oder sogar Jahre. Sie können zunächst damit beginnen, daß Sie auf Ihre Hände achten und versuchen, sie ein wenig zu entspannen, wenn sie Ihnen verkrampft oder steif erscheinen.

Ihre Hände müssen sich allen Körperkonturen anpassen. Obwohl bei manchen Massagegriffen nur ein Teil der Hand benutzt wird, beruht doch deren Wirkung auf Ihrer Fähigkeit, die ganze Hand in ständigem Kontakt mit dem Körper des andern zu haben. So heben Sie bitte beispielsweise nie die Fingerspitzen oder auch die Handfläche ab, wenn Sie von einem Körperteil zum andern übergehen. Wenn Ihre Hand über die Hüfte streicht, paßt sie sich vollkommen den Körperlinien an. Auf dem Weg von der Brust zum Arm umgreift sie gleichmäßig und sanft gleitend die Schulter. Denken Sie an das Bild des strömenden Wassers, das um Felsbrocken herumfließt und alle Höhlen und Vertiefungen auf seinem Weg ausfüllt und umspült.

Versuchen Sie, Gleichmäßigkeit in Geschwindigkeit und Druck zu erreichen. Zittern, Verkrampfen, häufiges Innehalten und wieder Neubeginnen sollten Sie möglichst vermeiden. Ändern Sie Geschwindigkeit und Druck Ihrer Bewegungen nur allmählich; plötzliches Steigern oder Zurücknehmen reißt Ihren Partner aus seiner wohligen Entspannung. Ihre Hände sollten sich so fließend und weich wie möglich bewegen.

Sie dürfen Tempo und Druck ruhig verändern. Rhythmus ist ein wichtiger Bestandteil der Massage. Arbeiten Sie ruhig mit wechselnder Geschwindigkeit und verändertem Druck, ohne daß dabei das Gleichmaß der Bewegung verlorengeht. Abwechslung hat beim Massieren eine ähnliche Wirkung wie in der Musik: Wechselnde Tempi verhindern die Monotonie.

Spüren Sie die Strukturen auf, die unter der Haut liegen. Ihre Hand sollte ständig fragen und sich Gestalt und Knochenbau des Partners ertasten. Stellen Sie sich ein auf die Struktur der Muskelschichten. Sind sie dick oder dünn? Stramm oder schlaff? Formlos oder fest? Wo Sie auf Knochen treffen, gehen Sie ihren Formen nach. Dabei sollen Ihre Hände dem Partner gleichsam erzählen: »Das ist deine Hüfte« – »Dies sind die winzigen Knochen deiner Handwurzel« – »Jetzt erfühle ich die Formen deines Knies«. Den Körper Ihres Partners ihm selbst näherzubringen, ist eine wichtige Aufgabe der Massage. Je besser Sie sie erfüllen, desto wirkungsvoller ist die Massage, und desto mehr wird Ihr Partner sie genießen.

Druck ausüben sollen Sie weniger mit den Muskeln als mit Ihrem Gewicht. Es ist ein Märchen, daß man zum Massieren körperlich besonders kräftig sein muß. Wenn Sie stark drücken wollen, brauchen Sie bloß das Gewicht Ihres Oberkörpers auf die Hände zu legen und keineswegs die Muskeln Ihrer Arme und Handwurzeln überzustrapazieren. Denn von allzu starker Muskelanspannung bekommen Sie nur steife Finger, Ihre Bewegungen werden weniger flüssig, und der Rücken wird müde.

Unterbrechen Sie nie den Kontakt zum Körper Ihres Partners, bevor die Massage oder die Lektion, die Sie sich gerade vorgenommen haben, zu Ende ist. Ihr Partner empfindet sicher die Unterbrechung der Berührung als beunruhigend. Sogar wenn Sie zwischendurch Öl brauchen, lassen Sie Unterarm oder Ellbogen auf seinem Körper ruhen. Denken Sie daran, daß Ihr Partner, während er entspannt mit geschlossenen Augen daliegt, in ein Glücksgefühl eingetaucht ist, das durch Ihre Berührung entsteht.

Massieren Sie mit dem ganzen Körper und nicht nur mit den Händen. Das soll natürlich nicht heißen, daß Sie auf den Tisch klettern und sich auf Ihrem Partner herumwälzen, sondern daß Ihre Hände viel wirkungsvoller und lebendiger sind, wenn ihre Bewegung vom Bewegungsfluß des ganzen Körpers ausgeht, der allerdings keineswegs heftig sein muß. Eigentlich läßt sich das Erlebnis des Massierens mit dem des Tanzens vergleichen. Je mehr Sie beim Massieren wie beim Tanzen den ganzen Körper einbeziehen, desto besser ist die Massage.

Achten Sie darauf, wie Sie stehen, sitzen oder knien. Wenn ich am Tisch massiere, stehe ich mit leicht gegrätschten Beinen, nicht ganz durchgedrückten und etwas nach außen gestellten Knien und geradem Rücken. Beim ersten Versuch kommt Ihnen diese Haltung bestimmt scheußlich unbequem vor, aber Sie werden bald ihre Vorzüge entdecken. Wenn die Beine gegrätscht sind (die Füße etwa 30 cm oder etwas mehr voneinander entfernt), können Sie leicht den ganzen Tisch entlang vor und zurück schwingen und brauchen dabei nur das Gewicht jeweils von einem Fuß auf den andern zu verlagern. Auch ist das Beugen der Knie viel leichter als das

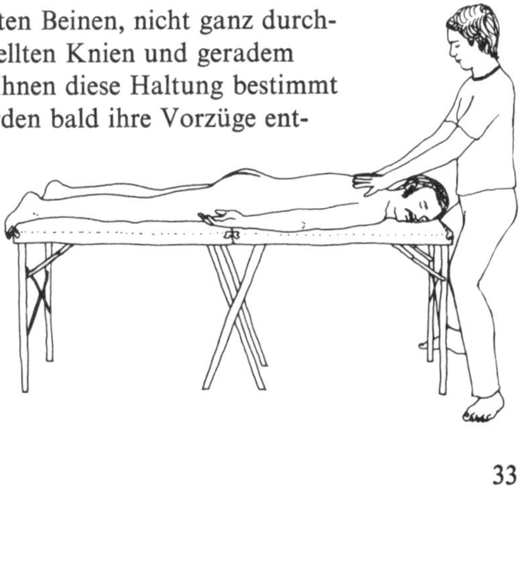

Vorbeugen des Rückens und verhindert eine übermäßige Anstrengung der Wirbelsäule. Beim Stehen mit geradem Rücken haben Sie Arme und Hände für Bewegungen frei, die besser kontrolliert und entspannt sind. Wenn Sie auf dem Fußboden massieren, hängt es ganz vom jeweiligen Körperteil und vom Griff ab, wie Sie sitzen oder knien. Auf jeden Fall müssen Sie, da Sie meist mit gebeugtem Rücken arbeiten und deshalb leichter ermüden, Ihrer eigenen Körperhaltung besondere Aufmerksamkeit zuwenden.

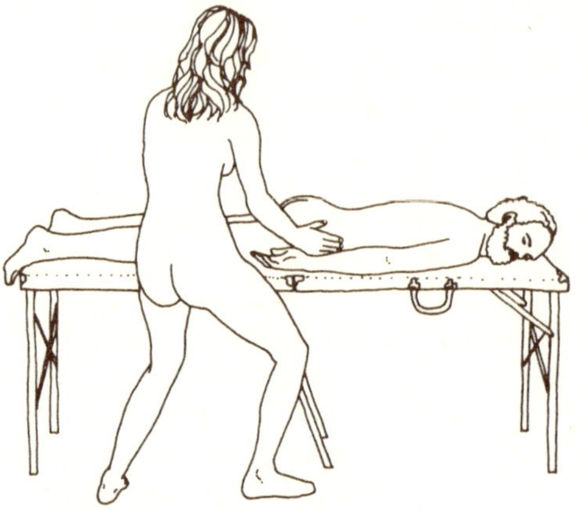

Versuchen Sie, auch beim Sitzen oder Knien Ihren Rücken so oft wie möglich geradezustrecken. (Wichtig ist hier natürlich auch die schon erwähnte Unterlage.) Ihr eigenes Befinden wird nämlich durch die vorhandene oder fehlende Geschmeidigkeit und die Bewegungen Ihrer Hände auf den Partner übertragen.

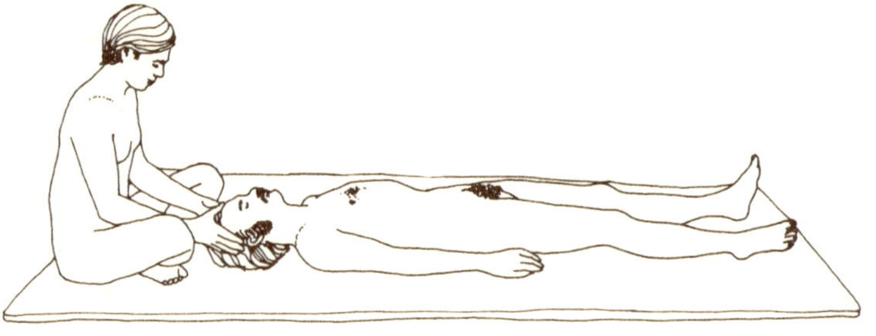

Denken Sie bitte immer daran, daß Sie einen Menschen massieren und nicht nur eine komplizierte Maschinerie aus Knochen und Muskeln. Trotz aller vorhandenen Muskeln und Knochen sind wir nämlich in erster Linie fühlende, empfindsame, lebendige Wesen, und zwar in jedem Quadratzentimeter unseres Körpers. Machen Sie sich das immer klar, und lassen Sie es auch Ihre Hände nicht vergessen. Denn das wirkt sich unmittelbar auf die Art der Berührung aus. Vielleicht macht Ihnen ein kleines Experiment deutlicher, was ich meine: Ihr Partner legt sich auf den Bauch, und Sie streichen gleichmäßig Öl über seinen ganzen Rücken. Dann legen Sie Ihre Hände auf seine Haut und fangen an, sie zu bewegen. Dabei ist es ganz gleichgültig, ob Sie diesen oder jenen Griff anwenden. Bewegen Sie ganz einfach die Hände auf dem Rücken Ihres Freundes hin und her, und stellen Sie dabei fest, ob sie das »Richtige« tun. Schließen Sie hin und wieder die Augen, und probieren Sie mal das eine, dann etwas anderes von dem aus, was eben besprochen wurde. Arbeiten Sie mit wechselndem Druck und verschiedenen Geschwindigkeiten, und lassen Sie sich eigene Varianten einfallen. Bei alldem sollten Sie so spontan wie möglich sein und das »Denken« allein Ihren Händen überlassen. Merken Sie sich aber zugleich alles, was in Ihnen und an Ihrem Partner vorgeht.

Das Ganze kann fünf oder zehn Minuten dauern, auch länger, wenn Sie Lust dazu haben. Und wiederholen Sie später manchmal dieses Experiment. Sie können jedesmal etwas Neues dabei lernen. Hier legen Sie nämlich die Grundlage für eine optimale Massage.

Praxis der Massage

Die Massagegriffe

Wir kommen jetzt zu den Feinheiten der Massagetechnik. Im folgenden finden Sie Beschreibungen und Illustrationen von ca. 80 verschiedenen Massagegriffen. Doch vorher noch ein paar Hinweise zur Anwendung der einzelnen Griffe und, falls Sie noch nie massiert haben, über die beste Lernmethode.

Die Reihenfolge, in der die Griffe beschrieben sind, ist für Sie nicht bindend. Falls Sie sich aber daran halten wollen, haben Sie am Schluß mit Ihrem Partner eine Ganzmassage von einer bis anderthalb Stunden Dauer hinter sich. Eine solche Massage beginnt am Kopf, wird an der Vorderseite des Körpers bis zu den Füßen und (nachdem der Partner sich umgedreht hat) von den Füßen aufwärts über Beine und Gesäß weitergeführt und schließt am Rücken ab. Wollen Sie sich aber auf die Griffe beschränken, die mit einem ✱ versehen sind, so können Sie damit ebenfalls sämtliche Körperregionen behandeln, wenn auch weniger intensiv, und Sie brauchen dafür nur etwa halb so lange. Doch sind Sie auch hier nicht festgelegt. Sie können genausogut unter den beschriebenen Griffen eine andere Auswahl treffen; und je länger Sie massieren, desto reizvollere Kombinationen werden Sie entdecken. Hier finden Sie die Grundlagen, mit deren Hilfe Sie Ihren eigenen, ganz persönlichen Massagestil entwickeln können. Die mit einem ✱ gekennzeichneten Griffe sind nicht etwa besser und wirkungsvoller als die nichtmarkierten. Damit wollte ich Ihnen nur ein Beispiel für die Zusammenstellung einer Massage aus dem angebotenen Material geben.

Die folgenden Anweisungen sind in dieser Form für Rechtshänder gedacht, d.h., daß hier die rechte Hand bevorzugt eingesetzt wird. Linkshänder können aber überall da, wo es ihnen angenehmer ist, genausogut mit der linken Hand arbeiten. Auch ist grundsätzlich vorausgesetzt, daß Sie auf einem Tisch massieren. In den meisten Fällen sind die Bewegungen für die Bodenmassage entsprechend. Wird aber ein bestimmter Griff bei der Bodenmassage anders angesetzt, so finden Sie im Buch einen Hinweis darauf.

Wenn Arm, Bein oder Kopf Ihres Partners angehoben werden muß, sollten Sie darauf achten, daß er dabei nicht mithilft. Falls er es doch versucht, ermahnen Sie ihn, sich wieder völlig zu entspannen.

Die Übergänge zwischen den einzelnen Griffen – auch das werden Sie mit der Zeit lernen – müssen fließend sein. Sogar die Aufteilung einer Massage, wie ich sie hier getroffen habe, ihre Zerlegung in einzelne Griffe, ist im Grunde willkürlich. Sicher, eine gute Massage setzt bestimmte Einzeltechniken voraus, aber sie sind doch nur Teile einer durchgehenden gleitenden Bewegung, die bis zu einem gewissen Grade spontan bleiben muß. Wie selbstverständlich sollen Ihre Hände von einem Griff zum andern überleiten. Ihr Partner darf gar nicht merken, wenn der eine zu Ende ist und der andere anfängt. Ideal wäre es, wenn Sie ihm das Gefühl geben könnten, daß die Massage in einem einzigen ununterbrochenen Streichen seinen ganzen Körper umgreift.
Denken Sie immer wieder daran, daß der körperliche Kontakt möglichst nicht unterbrochen werden soll. Versuchen Sie, wenigstens mit einer Hand während der ganzen Massage den Körper Ihres Partners zu berühren.
Worte sind eigentlich unnötig beim Massieren. Anfangs werden Sie sich natürlich über die Wirkung dieses oder jenes Griffes unterhalten. Im übrigen aber sollten Sie die ganze Aufmerksamkeit auf Ihre Hände richten und sich alles, was Sie von Ihrem Partner wissen müssen, gleichsam ertasten.
Versuchen Sie bitte nicht, zuviel auf einmal zu lernen. Ein halbes Dutzend verschiedene Griffe sind für die ersten Massagen genug, denn Sie finden das Massieren zunächst bestimmt recht anstrengend. Doch mit der Zeit, wenn Sie sich richtig zu bewegen und zu stellen gelernt haben, wird es Ihnen immer leichter fallen. Also wie gesagt – fangen Sie mit kleinen Portionen an, und steigern Sie sich langsam!
Zuerst lesen Sie sich die Beschreibung eines Griffs genau durch. Noch besser ist es, wenn Sie das ganze Pensum einer Teilmassage vorwegstudieren. Der Partner mit dem Sie sich für die erste Massage zusammengetan haben, sollte Ihnen möglichst detailliert die Wirkung der einzelnen Griffe deutlich machen; denn aus seiner Reaktion können Sie ja lernen. Finden Sie heraus, was ihm guttut, was nicht; was zu leicht oder zu schwer ist, zu schnell oder zu langsam. Fragen Sie ihn immer wieder und bitten Sie ihn, Ihnen alles zu sagen, was er spürt und empfindet. Probieren Sie vor allem die einzelnen Griffe mit verschieden starkem Druck aus. Wenden Sie jeden Griff zuerst ganz leicht, dann kräftiger und schließlich sehr stark an. Dabei erkundigen Sie sich jedesmal nach der Wirkung. Es macht gar nichts, wenn Ihnen ein Griff zunächst sehr plump vorkommt. Meist empfindet Ihr Partner das keineswegs so unangenehm wie Sie.
Schließlich aber sollten alle Griffe, die Sie lernen wollen, auch einmal an Ihnen ausprobiert werden. Sie können nämlich ihre Wirkung nicht richtig einschätzen, wenn Sie sie nicht am eigenen Leib verspürt haben. Deshalb ist es ideal, die Massage zusammen mit einem Partner zu lernen, der auch gerade erst anfängt. Dann können Sie alles an ihm ausprobieren, und Ihr Partner übt anschließend bei Ihnen. Sie werden sehen, dadurch bekommen Sie beide eine viel engere Beziehung zu dem, was Sie tun, und auch zu dem, was Sie beide sind.
Und nun wünsche ich Ihnen vor allem viel Spaß!

Kopf und Nacken

Bei einer Ganzmassage beginne ich am liebsten mit dem Kopf. Im übrigen ist ja, wie ich schon sagte, die Reihenfolge, in der die einzelnen Körperteile massiert werden, in diesem Buch weitgehend willkürlich.
Stellen oder knien Sie sich so hin, daß Sie hinter dem Kopf Ihres Partners sind. Sie nehmen ein paar Tropfen Öl, die Sie aber nicht etwa Ihrem Freund ins Gesicht gießen, sondern mit denen Sie nur Ihre Fingerspitzen benetzen.
Die natürlichste Reihenfolge bei der Kopfmassage ist: mit dem Gesicht beginnen, vom Haaransatz bis hinunter zum Kinn; dann die Ohren, der Nacken und zum Schluß die Kopfhaut.
(Vergessen Sie nicht: Das Sternchen bei einigen der beschriebenen Griffe heißt nicht, daß diese besser sind als andere, sondern nur, daß sie Teil der erwähnten Kurzmassage sind.)

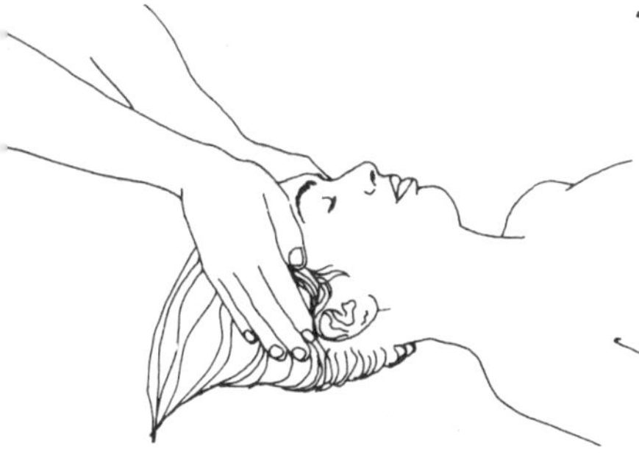

* 1 Als erstes lege ich meinem Partner für einen kurzen Augenblick leicht die Handflächen auf die Stirn, und zwar so, daß die beiden Handballen in der Mitte der Stirn, die Fingerspitzen an den Schläfen liegen. Keinen Druck ausüben! Warten Sie, solange es Ihnen richtig und bequem erscheint, ein paar Sekunden, eine halbe Minute, ganz, wie Sie wollen. Konzentrieren Sie sich. Ihr Freund muß sich an die Berührung gewöhnen.

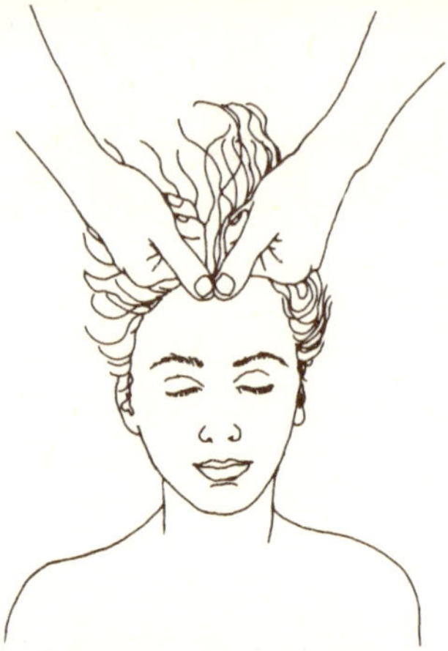

* 2 Jetzt fangen Sie an, die Stirn Ihres Partners mit den Daumenkuppen zu massieren. Zuerst teilen Sie die Stirn gleichsam in horizontale Streifen ein, jeder ungefähr 1–2 Zentimeter breit. Dann lassen Sie beide Daumen von der Stirnmitte aus am Haaransatz entlang nach außen gleiten. Nur leicht drücken! Die Daumen streichen zu den Schläfen, einem sehr empfindlichen Punkt, und dort endet die Bewegung in einem kleinen Kreis von 1–2 Zentimetern Durchmesser. Dann kehren die Daumen sofort zur Mitte der Stirn zurück und bewegen sich auf dem nächstunteren Streifen in Richtung Schläfen. So massieren Sie nach und nach die ganze Stirn, indem Sie sich langsam nach unten vorarbeiten. Der letzte Streifen liegt unmittelbar über den Augenbrauen. Und vergessen Sie nicht, jeden Strich mit einem kleinen Kreis an der Schläfe zu beenden – ein kleiner Schnörkel, der zwar nicht unbedingt notwendig ist, den Ihr Partner aber bestimmt als Tüpfelchen auf dem i empfindet.

* 3 Der nächste Strich gilt den Augenhöhlen. Mit den Spitzen beider Zeigefinger drükken Sie zuerst gegen die knöchernen Ränder der Augenhöhlen, und zwar dort, wo sie mit der Nasenwurzel zusammenstoßen. Eine volle Sekunde lang können Sie stark drücken. Dann heben Sie die Zeigefinger an, gehen etwa einen Zentimeter weiter am oberen Rand der Augenhöhlen entlang und drücken wieder. Dieses Drükken ist für die meisten Menschen angenehmer als eine reibende Bewegung. Fahren Sie nun fort, indem Sie jedesmal mit den Zeigefingern einen Zentimeter weitergehen und Druck ausüben. Wenn Sie außen angekommen sind (also bei dem Punkt der Augenhöhle, der am weitesten von der Nasenwurzel entfernt ist), kehren Sie zu dem Punkt an der Nasenwurzel zurück und bearbeiten von hier ausgehend auf die gleiche Weise den unteren Rand der Augenhöhle.

4 Jetzt zu den Augen selbst.
Haben Sie sich übrigens versichert, daß Ihr Partner keine Kontaktlinsen trägt? Wenn nicht, tun Sie es jetzt.
Leicht fahren die Daumenkuppen über die geschlossenen Augenlider, von der Nase nach außen. Streichen Sie sehr langsam und mit so wenig Druck wie möglich; gerade so, daß Sie ganz leicht die Bewegung der Augäpfel unter den gleitenden Daumen spüren. Das wiederholen Sie dreimal; jedesmal bewegen sich die Daumen in dieselbe Richtung, werden am Ende abgehoben und zum Ausgangspunkt zurückgeführt.

* 5 Jetzt legen Sie die Kuppen der Zeige- und Mittelfinger auf beiden Seiten der Nase unmittelbar unter den Bereich am Rand der Augenhöhle, von dem der letzte Strich ausging. Mit kräftigem Druck streichen die Fingerspitzen unten um die Backenknochen herum über die Wangen hin zu den Ohren und dann zur Schläfe, wo sie wieder einen kleinen Kreis beschreiben.

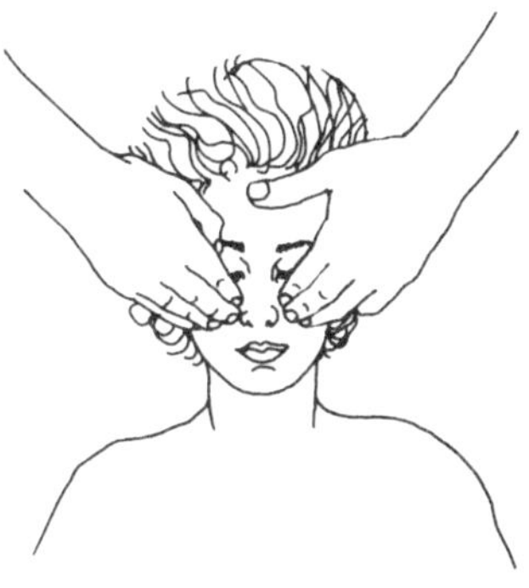

Falls Sie in Gesichtsgeographie nicht recht bewandert sind: Die unteren Enden der Backenknochen liegen ungefähr auf einer Linie mit der Nasenspitze. Wenn Sie energisch drücken und ein wenig Fingerspitzengefühl walten lassen, haben Sie bestimmt keine Schwierigkeiten, die richtige Stelle zu finden. Wiederholen Sie diesen Strich wenigstens noch einmal. Beim zweitenmal können Sie ruhig an den Enden der Backenknochen unmittelbar unter und neben der Nase verweilen und die darunterliegenden Muskeln durch leichtes Kreisen mit den Fingerkuppen bearbeiten. Jeder Finger beschreibt einen winzigen Kreis und drückt dabei kräftig auf die Muskeln; kneten Sie sie ruhig fest durch, und beeilen Sie sich nicht. Genau dieser Bereich ist für die Straffheit des Gesichts besonders wichtig. Eine kleine Extrabehandlung dieser Stelle lohnt sich also.

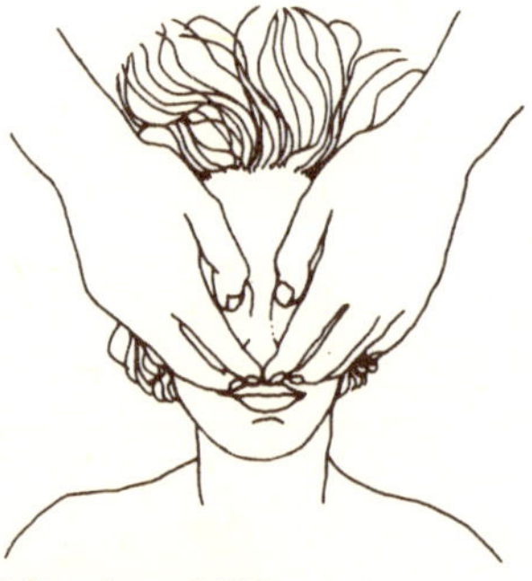

* 6 Die untere Gesichtshälfte gliedern Sie auf ähnliche Weise in horizontale Streifen wie die Stirn. Gebrauchen Sie zuerst Zeige- und Mittelfinger beider Hände. Gehen Sie mit diesen Fingern in den Mittelpunkt des Gesichts zwischen Nase und Mund. Streichen Sie über die Wangen bis zu den Schläfen hinauf, und lassen Sie die Bewegung dort wiederum in einem Kreis enden. Als nächstes streichen Sie auf die gleiche Weise dreimal von dem Bereich zwischen Mund und Kinnspitze aus zu den Schläfen hin. Dann nehmen Sie die Kinnspitze behutsam zwischen Daumen und Zeigefinger jeder Hand. Folgen Sie den Kinnladen bis fast zu den Ohren, und lassen Sie dann die Zeigefinger (wenn Sie wollen, auch die Mittelfinger) ein letztes Mal auf den Schläfen kreisen. Ein Bart ist bei diesen Griffen und Strichen übrigens nicht hinderlich.

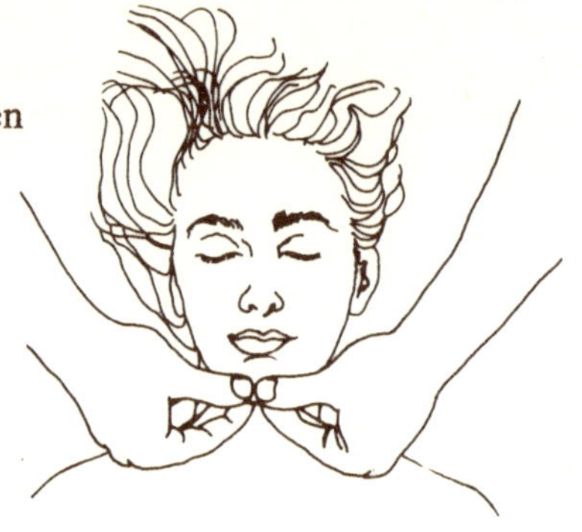

Damit ist das Gesicht fertig. Jetzt gleiten Ihre Finger langsam zu den Ohren hin.

7 Für mich gehören die Ohren zu den reizvollsten Körperteilen, und ich empfinde ihre Massage als besonders angenehm. Es gibt eine Menge Möglichkeiten für die Behandlung der Ohren. Sie können unter den hier vorgeschlagenen Varianten nach Belieben wählen. Anfangs sollten Sie nur ein Ohr massieren. Nach einiger Übung können Sie dann auch beide zugleich bearbeiten.

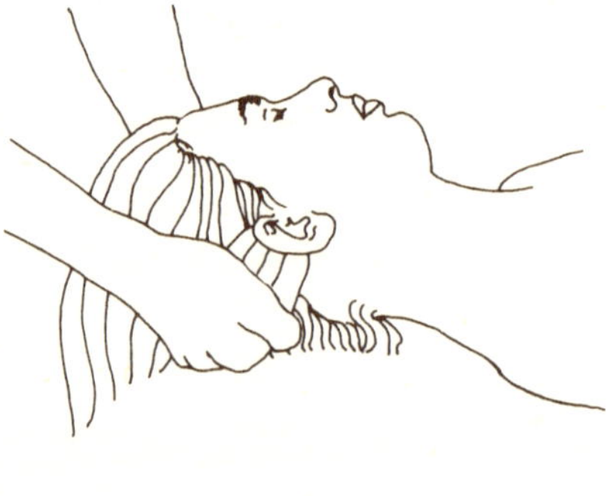

Ziehen Sie Ihre Finger einige Male hinter den Ohren entlang. Gehen Sie dabei sanft und behutsam vor.

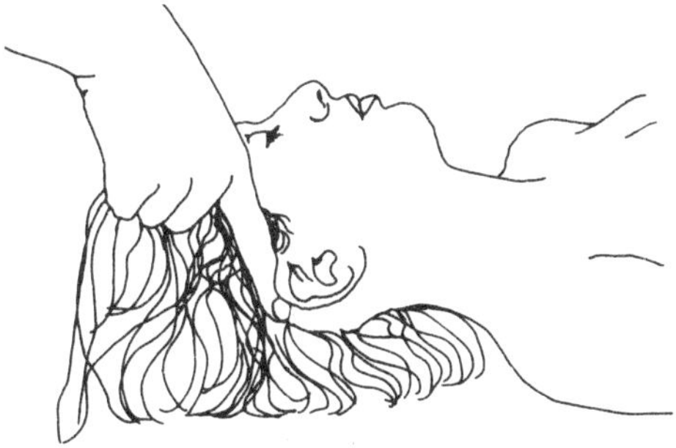

Nun streicht der Zeigefinger der Länge nach ein paar Mal hin und zurück über das »V«, das vom oberen Ende des Ohrs und dem Schädel gebildet wird. Dann drücken Sie leicht zwischen Daumen und Zeigefinger das Ohr. Fangen Sie beim Ohrläppchen an, und arbeiten Sie sich mit kleinen Sprüngen in etwa einem Zentimeter Abstand das Ohr hinauf. Jetzt ziehen Sie mit dem Zeigefinger leicht die natürlichen Einbuchtungen im Inneren des Ohres nach. Sie beginnen ganz außen und enden kurz vor der Öffnung des Gehörgangs. Wenn Sie bis jetzt nur ein Ohr massiert haben, wenden Sie sich nun auch dem anderen zu.

Schließlich der Höhepunkt: Bitten Sie Ihren Partner, nun nur auf das zu achten, was er in seinem Kopf hört. Dann halten Sie ihm ganz langsam und vorsichtig beide Ohren mit den Zeigefingern zu. (Beide müssen zugleich geschlossen sein; denn wenn nur ein Ohr abgedeckt ist, passiert nichts.) Halten Sie so die Ohren 15–30 Sekunden lang zu. Manchen Leuten bedeutet dieser Teil der Behandlung nichts, für viele aber ist er wie eine kurze, höchst angenehme Reise.

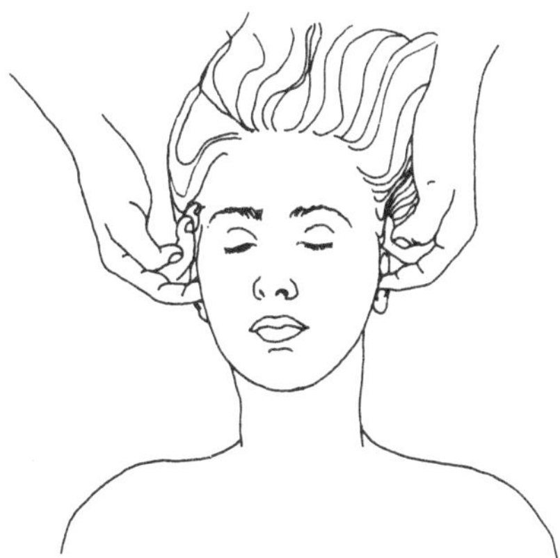

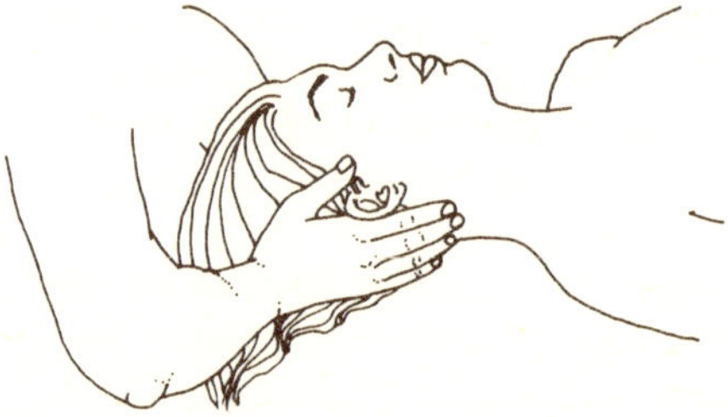

8 Der nächste Griff erscheint Ihnen vielleicht am Anfang seltsam und grob. Doch er ist ganz ungefährlich und wird von Ihrem Partner bestimmt als besonders wohltuend empfunden.
Legen Sie beide Hände auf sein Gesicht, die Handballen auf der Stirn, die Fingerspitzen in der Nähe des Kinns. So verharren Sie einen Augenblick. Dann gleiten Sie sanft zu den Ohren hin und weiter, bis die kleinen Finger an den Tisch anstoßen. Und nun fangen Sie an zu pressen, als wollten Sie Ihrem Partner oder Ihrer Partnerin den Kopf zusammendrücken. Vorsicht, die Hände dürfen dabei nicht auf den Ohren liegen. Bücken Sie sich ein wenig, und strecken Sie Ihre Ellbogen ganz nach außen, damit Sie soviel Hebelkraft wie möglich anwenden können. Sie fangen mit ganz leichtem Druck an und steigern ihn allmählich bis zu einem Punkt, wo Sie meinen, fester gehe es nicht (nur wenn Sie mit Bärenkräften ausgestattet sind, müssen Sie Ihren Händen hier Zügel anlegen). Genauso langsam verringern Sie den Druck wieder und lassen am Ende Ihre Hände ein paar Sekunden verharren, bevor Sie zum nächsten Griff übergehen.

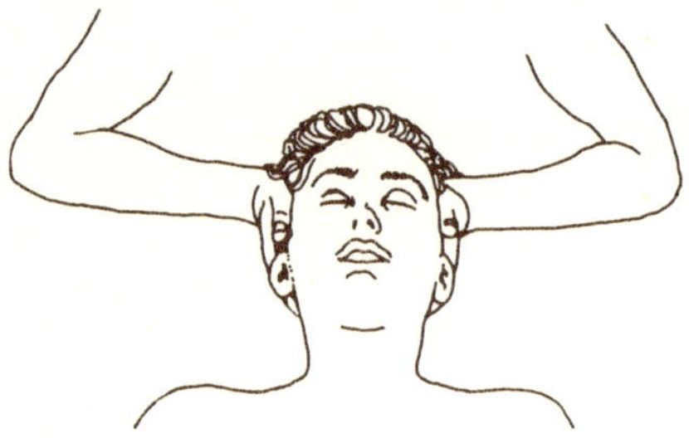

Und nun wird es Zeit für den Nacken.

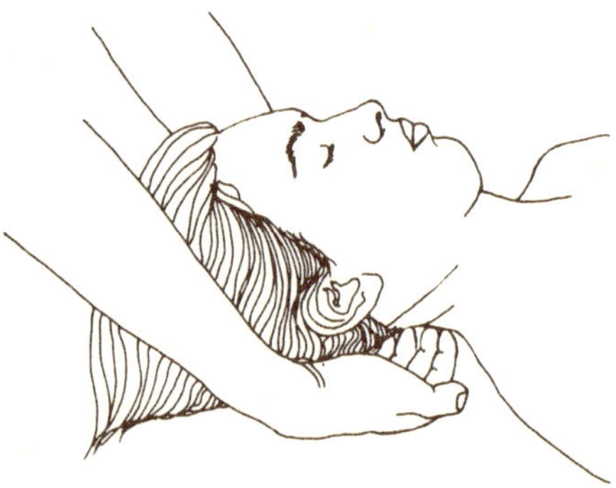

9 Sie legen beide Hände unter den Nacken Ihres Partners, die Handflächen nach oben. Nun krümmen Sie die Finger ein wenig und klopfen mit den Fingerspitzen schnell gegen den Nacken. Die Handrücken liegen dabei auf dem Tisch. Seien Sie nicht zu zaghaft, bearbeiten Sie den Nacken, als ob Sie Klavier spielen, hinauf und hinunter; und klopfen Sie auch den Rücken in unmittelbarer Nähe der Wirbelsäule, so weit Sie ihn bequem erreichen können (das wird übrigens nicht sehr weit sein).

*10 Jetzt legen Sie Ihre Hände unter seinen Hinterkopf und heben ihn ein wenig an, dann drehen Sie ihn langsam nach links, bis er in Ihrer linken Hand ruht. Wenn Sie spüren, daß Ihr Partner Widerstand leistet oder versucht zu »helfen«, bitten Sie ihn, seinen Kopf, auch wenn es schwerfällt, ganz zu entspannen. Wenn er auch dann noch angespannt ist, können Sie ihm vielleicht helfen, indem Sie seinen Kopf ein paarmal vorsichtig anheben und wieder senken. Jetzt lassen Sie den Ballen Ihrer rechten Hand langsam oben auf der Schulter Ihres Partners kreisen, wobei die Finger seitlich über die Schulter weg bis zum Rücken wandern. Dort gleiten sie weiter, bis sie fast die Wirbelsäule erreichen, und streichen dann den Nacken hinauf. Wenn Sie den Haaransatz erreicht haben, drehen Sie Ihre Hand um 90 Grad, so daß die Finger nach oben zeigen, und unter leichtem Druck streicht die Hand den Hals hinunter über den Brustansatz und kommt wieder zur Schulter zurück. Dort fangen Sie noch einmal von vorn an und wiederholen das Ganze zwei- oder dreimal.

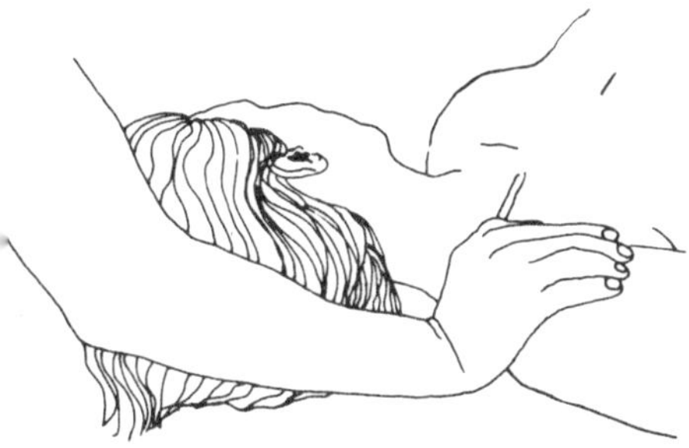

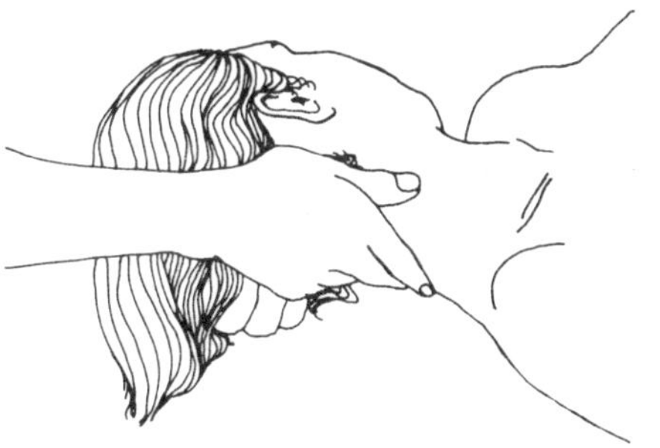

Auch die beiden nächsten Griffe werden bei zur Seite geneigtem Kopf ausgeführt. Ich behandle immer zuerst die eine Seite und wende mich dann der anderen zu.

11 Der Kopf ist immer noch nach links geneigt, und die Finger Ihrer rechten Hand streichen in kleinen Kreisen von etwa 2 Zentimeter Durchmesser zum Nacken. Dabei sollte fester Druck ausgeübt werden. Dann geht es hinauf bis zum Haaransatz; der Druck wird verringert, und Sie beschreiben an der Seite des Halses kleine Kreise, ausgehend von dem Punkt unmittelbar unter dem Ohr bis hinunter zum Schlüsselbein. Das Ganze wird wiederholt.

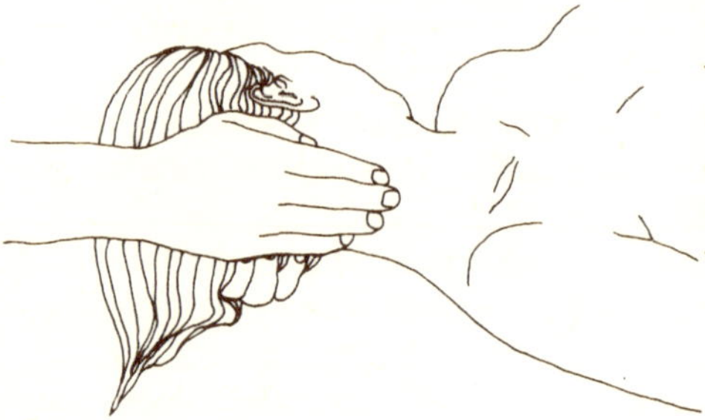

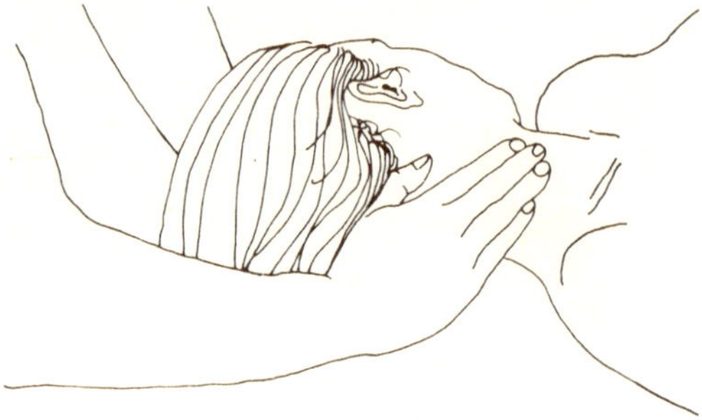

12 Der Kopf Ihres Partners liegt noch immer in Ihrer linken Hand; und nun ertasten Sie mit den Fingerspitzen Ihrer rechten Hand die horizontale knöcherne Rinne genau dort, wo der Nacken in die Rückseite des Schädels übergeht. Ihre Fingerspitzen bewegen sich dann unter starkem Druck in winzigen Kreisen genau unterhalb dieser Furche. Sie spüren einen Wulst, der sich quer über den Nacken zieht; und diesem Wulst folgen Sie mit den Fingerspitzen. Fragen Sie Ihren Partner, falls Sie die Stelle nicht gleich treffen. Er spürt sofort, wenn Sie an der richtigen Stelle sind, denn dieser Griff ist für ihn besonders wohltuend.

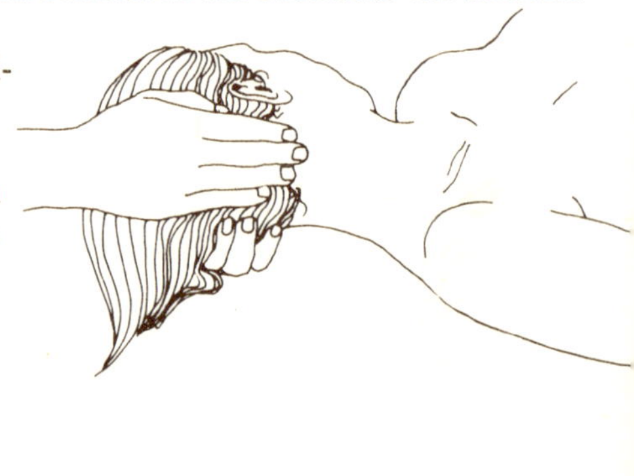

13 Die Massage am Hals endet damit, daß Sie den Kopf Ihres Partners so weit wie möglich anheben und nach vorn beugen. Diese Bewegung muß sehr langsam ausgeführt werden. Widerstand spüren Sie kurz bevor oder nachdem sein Kinn die Brust berührt. Halten Sie einen Augenblick inne, wenn dieser Punkt erreicht ist. Dann geben Sie dem Kopf einen letzten Schub und schieben ihn noch 2–3 Zentimeter weiter nach vorn. Sie kehren zum Punkt des größten Widerstands zurück und wiederholen den kleinen Schub noch ein- oder zweimal. Wenn ein leichter Schub nicht genügt, sollten Sie auf den letzten Teil der Übung lieber verzichten. Ganz langsam bringen Sie den Kopf in die Ausgangslage zurück.

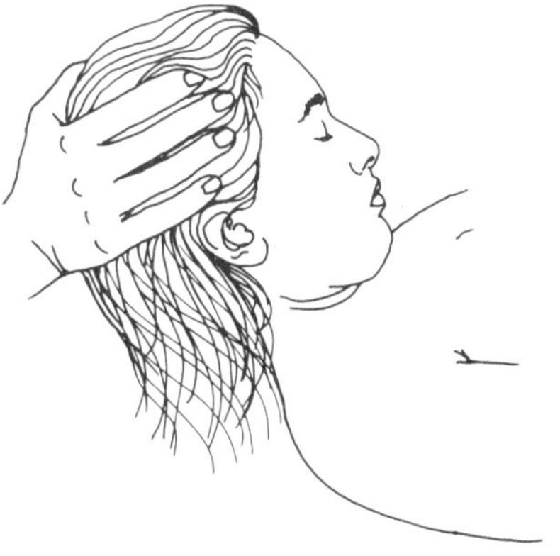

*14 Jetzt bleibt nur noch etwas für die Kopfhaut zu tun. Noch einmal heben Sie den Kopf an und drehen ihn nach links. Ihre rechte Hand ist zur Kralle geformt und bearbeitet nun die Kopfhaut mit den Fingerspitzen. Drücken Sie fest zu und bewegen Sie Ihre Hand in kleinen Kreisen. Versuchen Sie so aufzudrücken, daß Sie die Haut auf dem Knochen hin- und herbewegen und nicht nur Ihre Fingerspitzen auf der Hautoberfläche hierhin und dorthin streichen. Gehen Sie ganz systematisch vor, so daß Sie am Schluß die ganze rechte Seite des Kopfes bearbeitet haben. Das gleiche wird dann auf der linken Seite wiederholt.

Brust und Bauch

Brust, Bauch, Seiten und Schultern werden mit Öl eingerieben.

1 Hier ist die Hauptübung für Brust und Bauch. Sie ist deshalb besonders wirkungsvoll, weil damit große Körperpartien leicht und schnell behandelt werden können. Jeweils geringfügig abgewandelt kann sie für Brust, Bauch, Arme, die vorderen und die rückwärtigen Beinpartien und den Rücken angewendet werden.

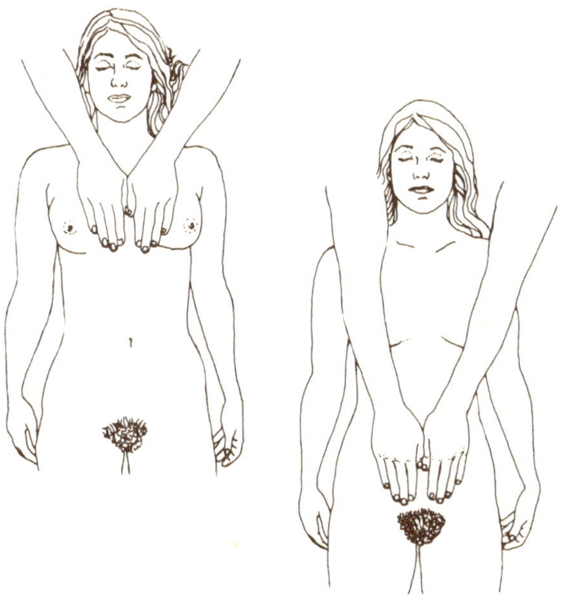

Am besten nehmen Sie wieder am Kopfende Ihres Partners Aufstellung. (Falls Sie auf dem Boden massieren, knien Sie hinter Ihrem Partner, wobei Sie seinen Kopf zwischen den Knien haben sollten.) Legen Sie ihm nun Ihre Handflächen mitten auf die Brust. Die Handballen sollen genau unter dem Schlüsselbein liegen, die Finger auf die Füße zeigen; die Daumen berühren sich leicht. Jetzt gleiten beide Hände langsam nach unten, mit starkem Druck auf die Brust und etwas sanfter über den Bauch. Die Hände bleiben dabei zusammen, bis sie in den Bereich des Unterleibs kommen. Dann trennen sie sich, und jede Hand streicht seitwärts über die Hüfte, bis sie die Unterlage berührt. Dann ziehen Sie die Hände an den Körperseiten in Richtung Schultern zurück. Dabei sollten Sie unter

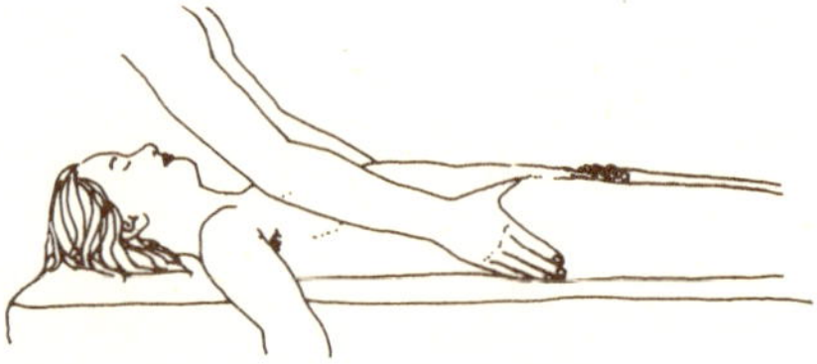

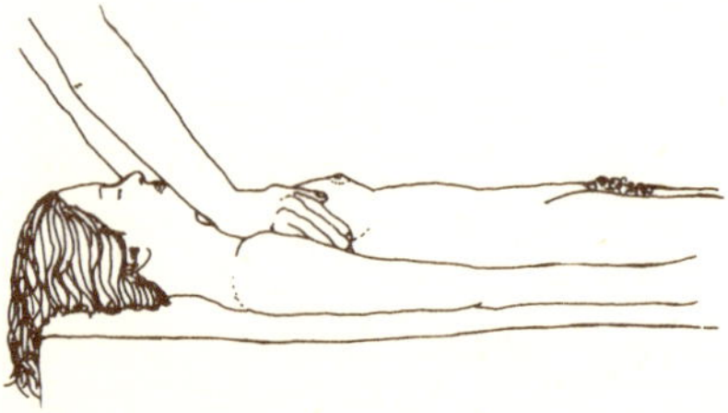

Einsatz Ihrer ganzen Kraft Druck ausüben. Das Streichen muß so energisch sein, daß Sie das Gefühl haben, Sie ziehen Ihren Partner ein paar Zentimeter weiter zu sich. Kurz bevor Sie dabei die Achselhöhlen erreichen, streichen Ihre Hände – die Handballen noch immer voran – hinauf zum oberen Brustansatz. Nun kreisen die Finger auf der Brust hin und her, während die Handflächen aufliegen. Dabei gleiten die Hände langsam und stetig weiter aufeinander zu, bis sich die Daumen berühren. Nun können Sie diese Übung ohne Unterbrechung noch einmal machen.

Zwei Dinge sind wichtig, damit diese Übung ihre Wirkung tut. Erstens, massieren Sie gleichmäßig! Die Hände müssen sich ruhig und energisch vor- und zurückbewegen. Vergessen Sie zweitens nicht, Ihre Hände so anzulegen, daß sie sich genau den Konturen, an denen Sie entlanggleiten, anpassen, ganz so, als ob Sie den Körper Ihres Partners in Ton zu modellieren hätten.

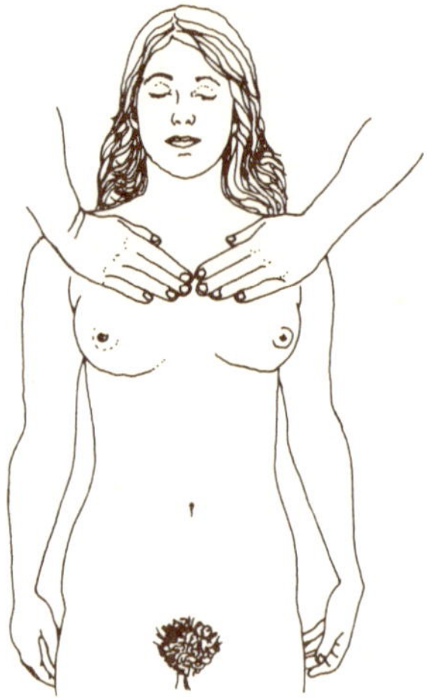

Es gibt auch eine höchst wohltuende Variante dieser Übung. Wenn Sie Ihre Hände auf dem Weg vom Unterleib in Richtung Brust an den Körperseiten entlangziehen, streichen Sie statt auf die Brust zu den Schultern hin und von da aus ohne Unterbrechung zum Nacken. Zwischen Tisch und Rücken endet dieser Strich. Sobald Ihre Hände den Bereich unmittelbar neben – nicht auf – der Wirbelsäule erreicht haben, gleiten sie sanft über die Trapezmuskeln (das sind die Muskeln, die sich vom Nacken zu den Schultern hinziehen) zum oberen Brustansatz.

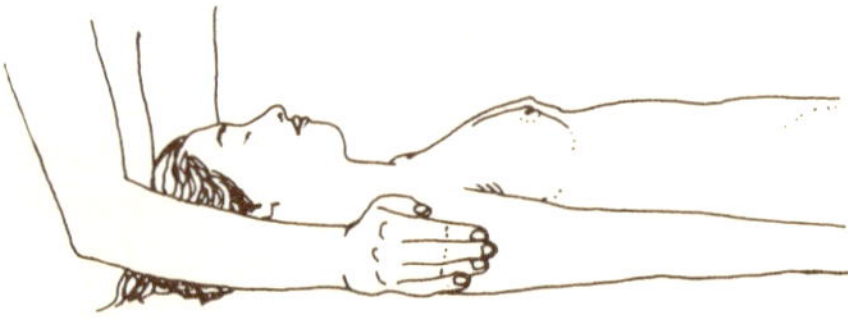

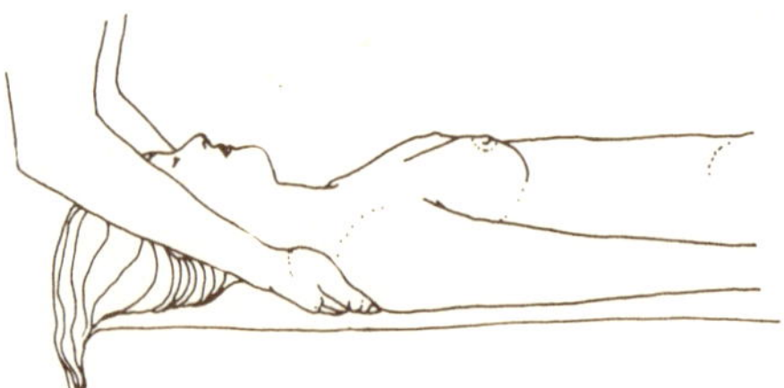

Eine weitere Variante ist vielleicht noch interessanter für Sie. Wieder streichen Ihre Hände an den Schultern entlang zum Rükken. Und wieder halten Sie kurz vor der Wirbelsäule inne. Diesmal aber ziehen Sie Ihre Hände leicht den Nacken hinauf bis zu dem Punkt, wo der Hinterkopf auf der Unterlage ruht. Achten Sie darauf, daß sich

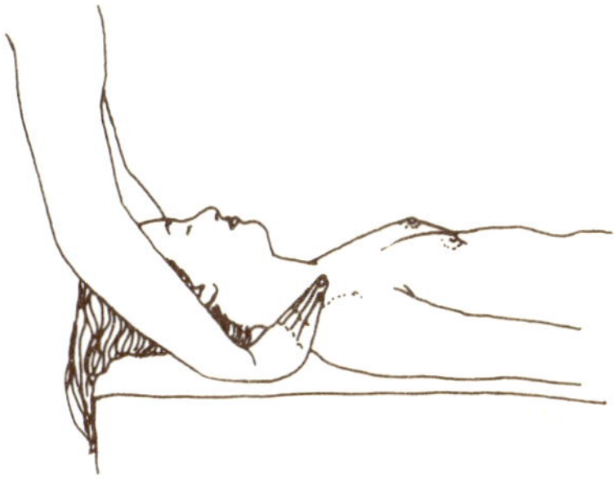

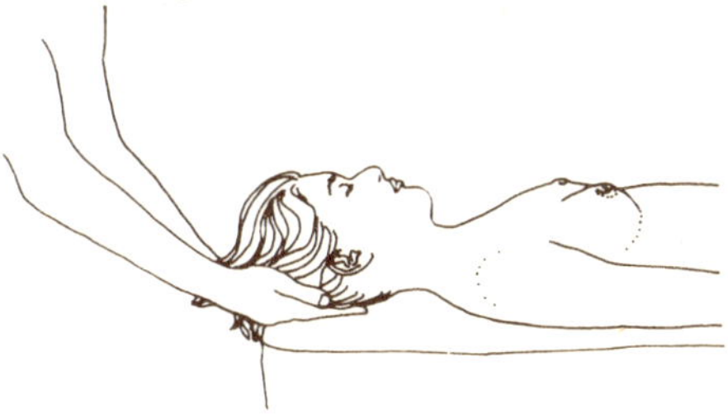

Ihre Hände dabei auf Sie (den Masseur) hinbewegen, bis der Strich beendet ist. Der Kopf darf nicht angehoben werden; deshalb sollen die Handrücken so lange wie möglich an der Unterlage bleiben. Sobald dieser Strich beendet ist, kehren Ihre Hände zum Ausgangspunkt auf der Brust zurück.

Drei- bis sechsmal wiederholen Sie die ganze Hauptübung für Brust und Bauch, mit oder ohne Varianten. Man kann sie auch im weiteren Verlauf der Brust- und Bauchmassage noch einmal einschieben; oder vielleicht kommen Sie auf sie zurück, nachdem andere Körperteile an der Reihe waren. Die Massage wirkt wohltuend abgerundet, wenn man die wichtigsten Striche von Zeit zu Zeit wiederholt. Das hat auf beide Partner eine ähnlich angenehme Wirkung wie die Wiederkehr des Grundthemas in einem Musikstück.

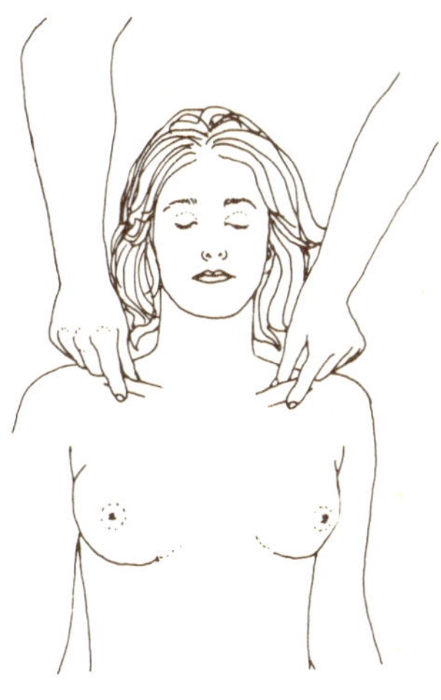

2 Die Spitzen von Daumen und Zeigefingern fahren nun an den Schlüsselbeinen entlang. Der Daumen setzt auf der einen, der Zeigefinger auf der anderen Seite an. So bewegen Sie Ihre Hände zunächst aufeinander zu und dann voneinander weg. Wenden Sie dabei leichten Druck an.

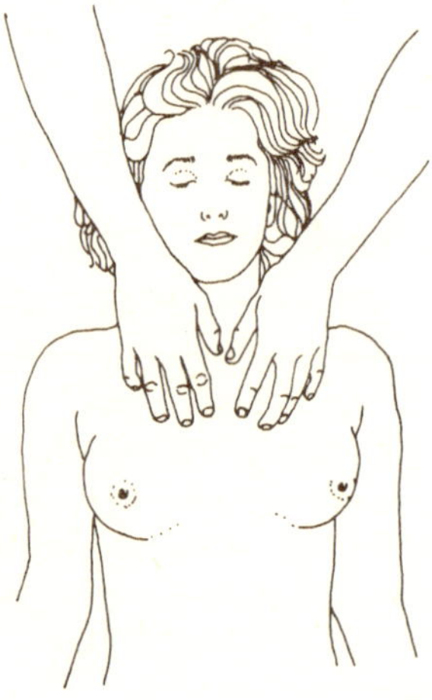

✳ 3 Bearbeiten Sie jetzt den Brustansatz mit den Fingerspitzen. Dabei drücken Sie kräftig auf und bewegen die Finger in kleinen Kreisen. Sie fangen in der Nähe des Schlüsselbeins an und behandeln systematisch die obere Hälfte der Brust. Ist Ihr Partner eine Frau, so lassen Sie die Brüste aus, denn dort wird dieses Kreisen im allgemeinen nicht als angenehm empfunden.

✳ 4 Berufsmasseure verzichten normalerweise auf die Massage der weiblichen Brust. Doch die meisten Frauen empfinden das als prüde und unverständlich. Folgender Griff ist für die weibliche Brust und die sie stützenden Muskeln besonders wohltuend. Legen Sie Ihre Hände auf die Brüste. Beschreiben Sie mit den Brüsten sanft drei weite Kreise, einmal rechtsherum und dann linksherum.

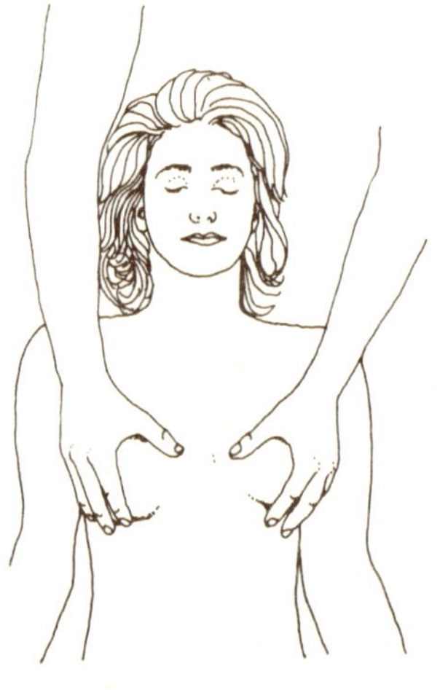

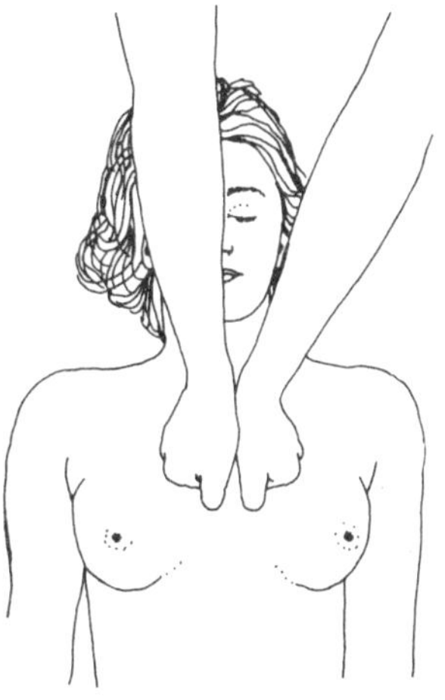

5 Ballen Sie Ihre Hände zu Fäusten und legen Sie sie unmittelbar unter den Schlüsselbeinen auf die Mitte der Brust. Nun streichen Sie mit den Knöcheln quer über die Brust nach außen, an den beiden Seiten des Körpers herum, bis Ihre Fäuste die Tischplatte berühren. Dabei drücken Sie bitte nur ganz leicht. Folgen Sie dem Verlauf der Rippen. Möglichst sollte jeweils ein Knöchel zwischen zwei Rippen entlanggleiten. Als nächstes setzen Sie Ihre Fäuste etwas tiefer an und ziehen wieder einen Querstreifen über den Brustkorb. So arbeiten Sie sich Streifen für Streifen weiter, bis Sie die ganze Brust bearbeitet haben, und hören auf, wenn Sie in den Bereich des Magens kommen. Drücken Sie bitte bei diesem Strich nicht zu fest; starker Druck kann hier unangenehm sein.

*

6 Nächster Punkt im Massageprogramm ist eine »ziehende« Bewegung an den Körperseiten vom Becken bis zur Achselhöhle entlang. Sie stellen sich an eine Längsseite des Tisches und wenden sich der Ihnen gegenüberliegenden Seite Ihres Partners zu. Die Finger sind ausgestreckt, und die Hände streichen an den Rumpfseiten zu Ihnen herauf. Bevor die eine Hand oben ankommt, setzt die andere unten ein, so daß im Wechsel der Hände ein ständiges Streichen erfolgt. Beginnen Sie in Höhe des Beckens unmittelbar über dem Oberschenkel, und arbeiten Sie sich langsam bis zur Achselhöhle hinauf, wobei Sie nach jedem Strich eine knappe Handbreit weitergehen. Einmal aufwärts und dann wieder abwärts genügt. Dann wechseln Sie Ihren Standort und wiederholen das Ganze auf der anderen Seite.

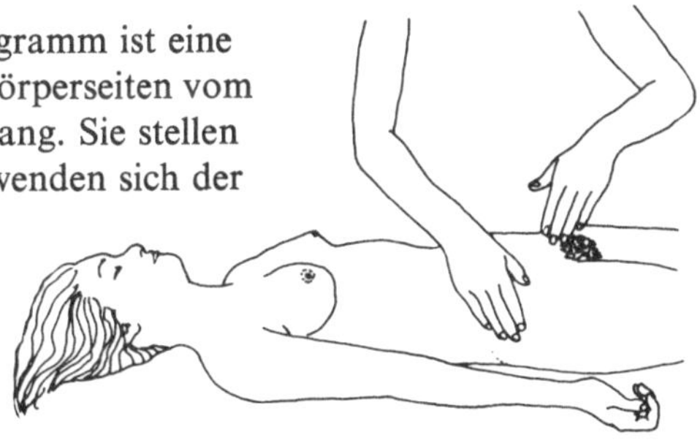

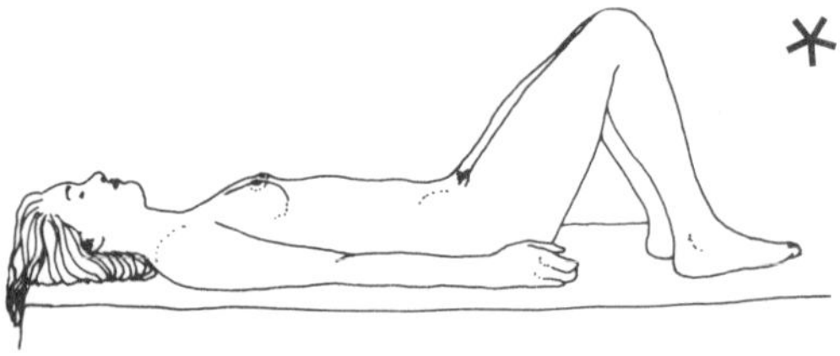

* 7 Und jetzt der Bauch.
Sie stellen sich an die rechte Seite Ihres Partners, wenn Sie nicht sowieso schon dort stehen. Und bitte, denken Sie daran, daß, während Sie den Platz wechseln, eine Hand den Kontakt zum Körper Ihres Partners hält. Es empfiehlt sich übrigens, die Knie des Partners hochzuziehen, während Sie den Bauch bearbeiten; denn so sind die Organe weniger eingeengt, und die Massage wird dann als angenehmer empfunden. Sie haben zwei Möglichkeiten, die Beine oben zu halten. Entweder stellen Sie die Füße Ihres Partners so hin, daß sie selbst die Balance halten (wenn Sie die Füße ein bißchen vor- und zurückschieben, haben Sie schnell den Punkt gefunden, an dem die Beine fast von selbst im Gleichgewicht bleiben). Die zweite Möglichkeit ist, die Beine anzuheben und als Stütze ein Kissen darunter zu legen. Ich persönlich ziehe die erste Möglichkeit vor, weil ich nicht gern während der Massage mit einem Kissen herumhantiere. Die Sache mit dem Kissen hat allerdings den Vorteil, daß Ihr Partner nicht die geringste Energie darauf verschwenden muß, seine Beine in der richtigen Stellung zu halten.

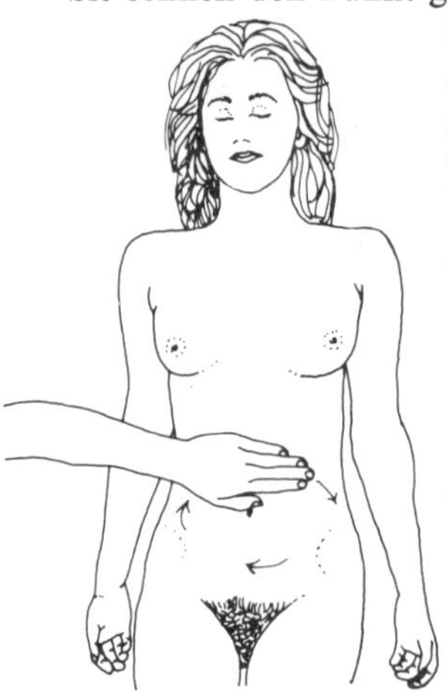

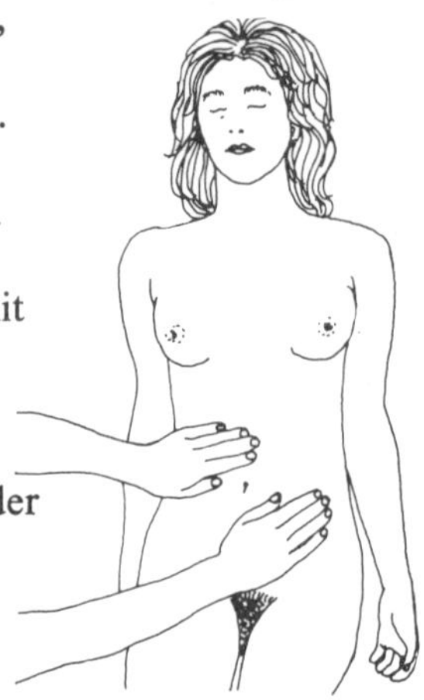

Sie stehen nun auf der rechten Seite Ihres Partners und beginnen mit der linken Handfläche Kreise auf dem Bauch zu ziehen. Kreisen Sie im Uhrzeigersinn; das ist auf dem Bauch besonders wichtig, da auch der Dickdarm im Uhrzeigersinn gewunden ist. Der Kreis soll von einem Punkt unterhalb der Rippen zur linken Seite der Taille, dann zum linken Beckenknochen und zur rechten Seite der Taille gehen. Nachdem Sie einen solchen Kreis beschrieben haben, können Sie auch die rechte Hand hinzunehmen. Die linke bleibt unterdessen in der eben beschriebenen Kreisbewegung. Wenn sie von der unteren zur oberen Hälfte des Bauches gewandert ist, streicht die rechte Hand entlang den Beckenknochen mit einem Halbkreis von Hüfte zu Hüfte. Hat die rechte Hand die rechte Hüfte erreicht, ziehen Sie sie weg und bringen sie wieder in die Ausgangsposition an der linken Hüfte, so daß sie den Halbkreis von Hüfte zu Hüfte wiederholen kann, wenn die linke Hand den Unterbauch passiert hat. Möglichst sollte also die rechte Hand der linken auf ihrem Kreis immer gegenüber sein. Sie beschreiben ein halbes Dutzend Kreise mit der linken und entsprechend viele Halbkreise mit der rechten Hand.

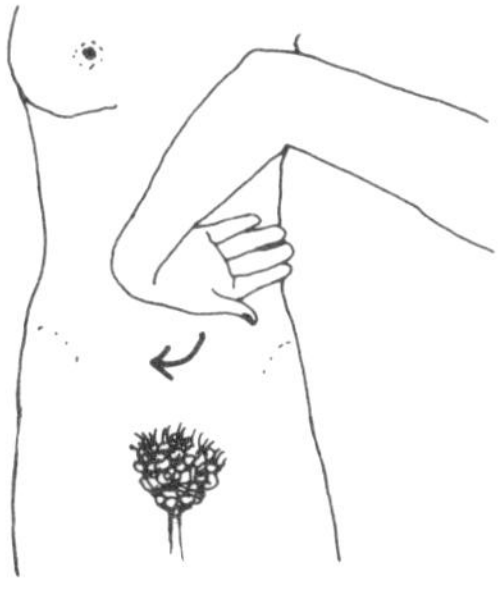

8 So merkwürdig Ihnen die folgende Übung vorkommen mag, sie wird Ihnen in der Praxis nach einiger Zeit viel leichter fallen als mir jetzt ihre Beschreibung. Legen Sie den rechten Handrücken – Sie haben richtig gelesen »den Handrücken« – flach auf den Bauch Ihres Partners. Das Handgelenk ist im Winkel von 90 Grad abgebogen, die Fingerspitzen zeigen zu Ihnen hin, der Unterarm nach oben, der Ellbogen in eine von Ihnen abgewandte Richtung. Jetzt kreisen Sie mit der Hand im Uhrzeigersinn. Wenn Sie ungefähr ein Viertel des Kreises beschrieben haben, drehen Sie Ihre Hand während der fortgesetzten Kreisbewegung langsam auf die Handfläche. Dabei nähert sich Ihr Ellbogen wieder dem Tisch. Sie kreisen weiter und drehen dabei zugleich Ihre Hand. So liegt, immer wenn ein Kreis zu Ende ist, Ihr Handrücken wieder auf dem Bauch, und der Ellbogen steht in etwa darüber. Sie beschreiben auf diese Weise ein halbes Dutzend Kreise. Die Kreisbewegung soll fließend, gleichmäßig und langsam sein. Wandern Sie bitte dabei nicht mit Ihrer Hand auf dem Bauch herum, sondern halten Sie sie in der Nabelgegend. Wenn Sie vorhin die Beine Ihres Partners hochgestellt hatten, können Sie sie jetzt wieder flach auf den Tisch legen.

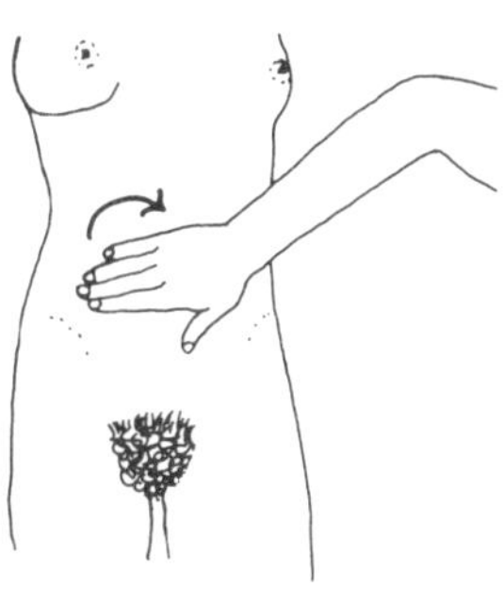

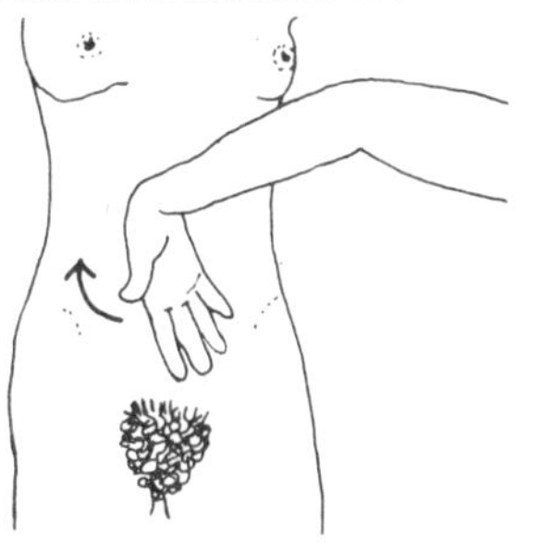

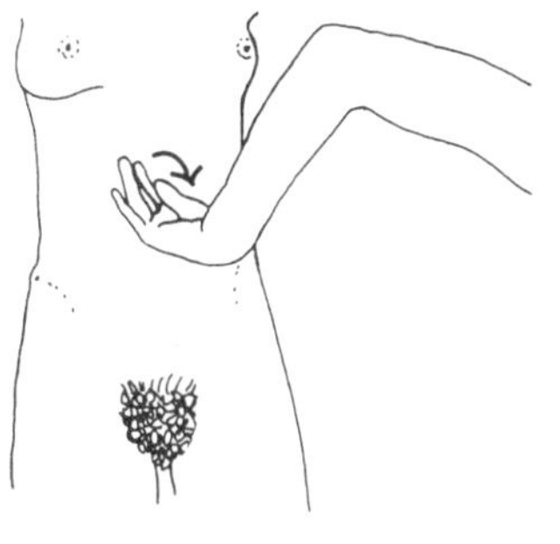

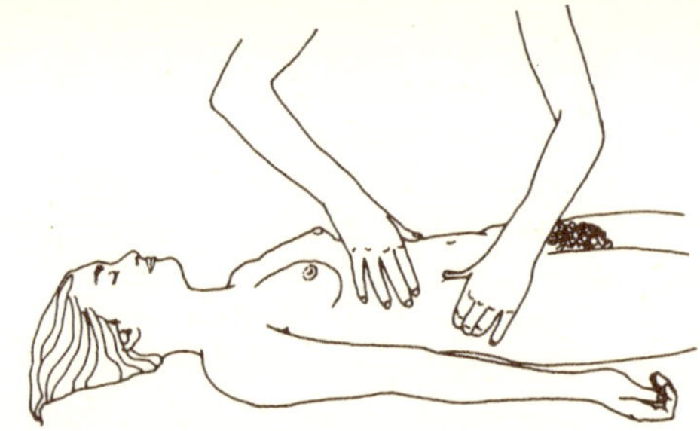

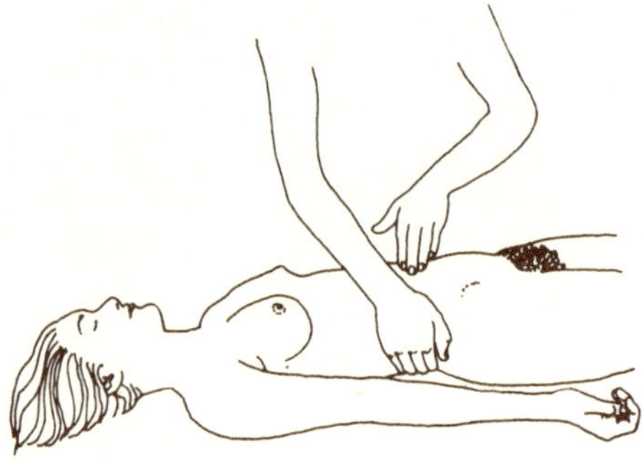

9 Nun kneten Sie die Körperseiten in der Taillengegend. Dieses Kneten wird Ihnen überhaupt nicht schwerfallen. Reichen Sie auf die Ihnen gegenüberliegende Seite und greifen mit Daumen und Fingern so viel von der Muskel- oder Fettschicht an der Taille, wie Sie bequem fassen können; dann lassen Sie sie langsam wieder Ihren Händen entgleiten. Gehen Sie bei jedem Knetgriff etwas weiter: die linke Hand greift mehr nach rechts, die rechte nach links. Wenn Sie diesen Griff so einteilen, daß die eine Hand mit dem Kneten beginnt, kurz bevor die andere fertig ist, finden Sie in einen natürlichen, langsamen, fast trägen Rhythmus, bei dem die Hände ständig in Bewegung sind.

Nach ein paar »Runden« sollten Sie ein wenig Abwechslung in die Übung bringen. Statt zu kneten können Sie nun auch streichen, und statt die Hände in Längsrichtung (parallel zur langen Seite des Tisches) an den Körperseiten entlang zu bewegen, gleiten Ihre Finger nun um die Taille herum unter den Rücken und werden dann auf der Taillenlinie ein paar Zentimeter über den Bauch zurückgezogen. Die Fingerspitzen sollen dabei nur leicht drücken. Streichen Sie fortlaufend immer weiter unter den Rücken und wieder herauf; die letzten Striche sollen unmittelbar an der Wirbelsäule beginnen.

Der Übergang zu dieser Variante braucht nicht abrupt zu sein. Versuchen Sie, drei- oder viermal an den Körperseiten entlang von der Hüfte zu den Rippen und zurück zu massieren; und lassen Sie dann Ihre Striche mehr und mehr in die Vertikale übergehen, so daß Sie schließlich bei den letzten quer über die Taillenlinie streichen. Dann gehen Sie um den Tisch herum und machen das gleiche auf der anderen Seite.

10 Dieser letzte Griff ist eigentlich für den Rücken bestimmt, doch er wird nach dem vorangegangenen als besonders angenehm empfunden.
Sie greifen mit beiden Händen unter den Rücken Ihres Partners, die eine Hand auf der rechten, die andere auf der linken Seite. Die Finger zeigen zueinander, die Handballen nach oben. Legen Sie die Fingerspitzen auf beiden Seiten an die Wirbelsäule. Jetzt pressen Sie, während die Handrücken auf der Tischplatte liegenbleiben, mit den Fingerspitzen, so fest Sie können auf die Muskelstränge neben der Wirbelsäule. Der Druck soll so stark sein, daß Sie den Körper Ihres Partners ein wenig vom Tisch abheben. Pressen Sie etwa eine Sekunde lang und geben Sie dann wieder nach. Dann noch einmal eine Sekunde, und Pause. Und das gleiche noch einmal. Nach dem dritten Mal gleiten Ihre Hände – während die Fingerspitzen nun den Druck wesentlich verringern – hinter dem Rücken hervor und über die Taille bis hin zum Bauch, genauso wie bei der vorangegangenen Übung. Wenn Sie auf dem Fußboden massieren, haben Sie nun sogar einmal einen Vorteil gegenüber der Arbeit am Massagetisch. Nachdem (oder anstatt, daß) Ihre Fingerspitzen neben die Wirbelsäule drücken, kauern Sie sich so hin, daß Sie rittlings über Ihrem Partner hocken. Nun verschränken Sie Ihre Finger unter der Wirbelsäule und heben den Körper vom Boden ab (ca. 5–10 Zentimeter). Dann lassen Sie unter leichtem Druck mit den Fingerspitzen die Hände über die Taille gleiten, wobei der Körper Ihres Partners wieder zurücksinkt. Für ihn ist dieses Hochgehobenwerden ein ganz besonders angenehmes Gefühl.

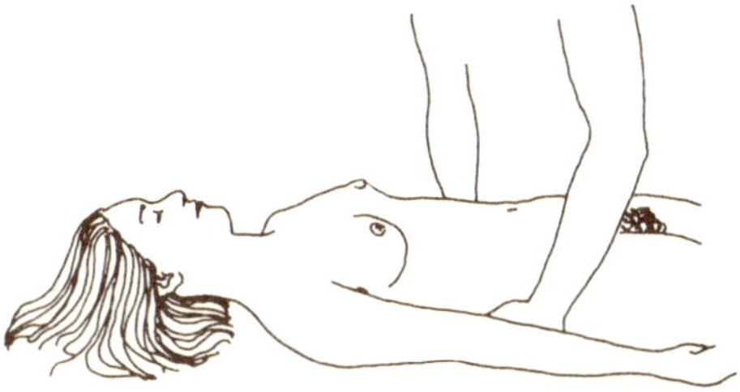

Quälen Sie sich aber mit dieser Variante nicht, wenn Sie auf dem Tisch massieren. Denn das Hinüberreichen zur anderen Seite und das gleichzeitige Anheben belasten Ihren Rücken, und außerdem ist es so wirklich schwierig, die Übung korrekt auszuführen.
Zu welcher Variante Sie sich auch entschlossen haben, es ist in jedem Fall ein hübscher Abschluß, wenn Sie noch einmal der Taillenlinie mit den Fingerspitzen nachgehen, bis Ihre Hände auf dem Bauch zusammentreffen (auf dem Bauch nur leichten Druck!). Wenn Ihre Hände sich getroffen haben, werden sie sicher einen reizvollen Weg finden, der sie zu den Regionen des Körpers leitet, die Sie als nächstes bearbeiten möchten.

Der Arm

Lagern Sie den rechten Arm Ihres Partners so, daß er mit der Handfläche auf dem Tisch liegt. Streichen Sie nun Öl auf Arm und Schulter.

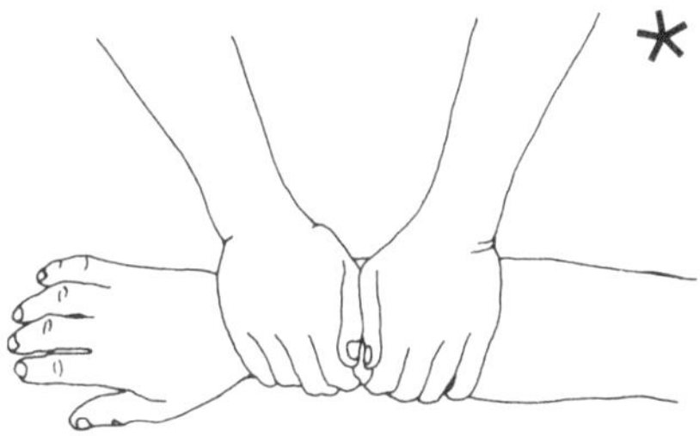

*

1 Umgreifen Sie mit den Händen das Handgelenk Ihres Partners. Ihre Hände liegen dicht beieinander; die Daumen berühren sich. Unter festem Druck gleiten die Hände nebeneinander den Arm hinauf. Am Oberarm angekommen, streicht die linke Hand über die Schulter, die rechte zur Unterseite des Arms in Höhe der Achselhöhle.
Jetzt ziehen beide Hände wieder den Arm hinunter, die linke an der Außenseite, die rechte innen. Der Druck soll dabei etwas nachlassen. Wenn Sie am Handgelenk angekommen sind, haben Sie zwei Möglichkeiten: Entweder gleitet die linke Hand zurück zur Oberseite des Handgelenks, so daß beide Hände wieder in ihre Ausgangsposition gelangen. Oder, wenn Sie nachhaltiger einwirken wollen, streichen beide Hände über die Hand Ihres Partners bis zu seinen Fingerspitzen. Dabei gleitet die linke Hand über den Handrücken und die rechte über die Handfläche. Drücken Sie nur ganz leicht, und streichen Sie ganz besonders zart über die Fingerspitzen.

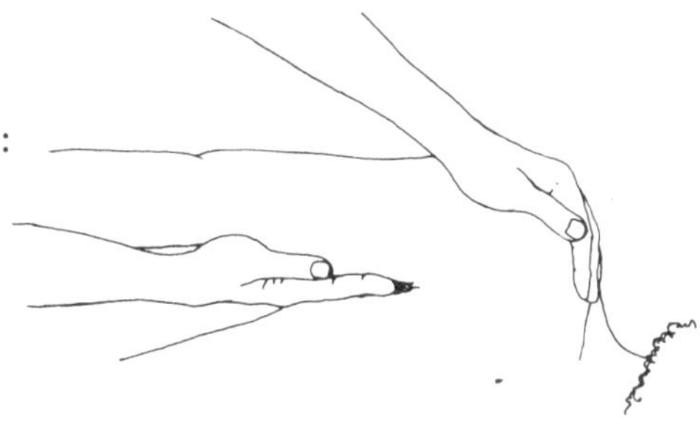

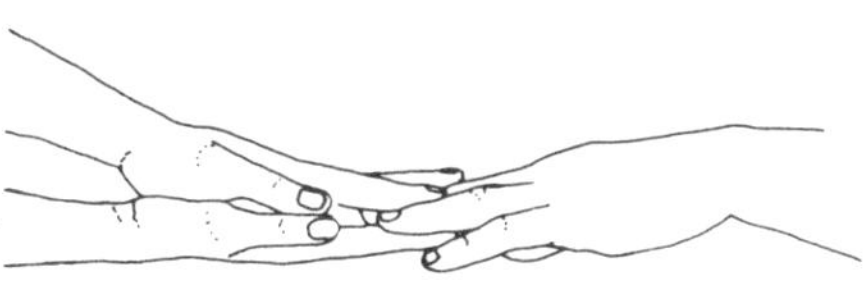

* 2 Heben Sie den Unterarm Ihres Partners hoch, so daß der Ellbogen auf dem Tisch steht. Mit den Daumen und Zeigefingern Ihrer beiden Hände schließen Sie einen Ring um das Handgelenk. Ihre Daumen liegen oben, und zwar auf der Innenseite des Handgelenks Ihres Partners und berühren einander. Nun gleiten beide Hände unter leichtem Druck von Daumen und Zeigefingern den Unterarm entlang, so als wollten Sie das Blut herausdrücken. An der Armbeuge angekommen, gleiten Sie wieder zurück, wobei Daumen und Zeigefinger zwar noch immer die Haut berühren, nun aber nicht mehr den geringsten Druck ausüben. Das wird mehrere Male wiederholt.

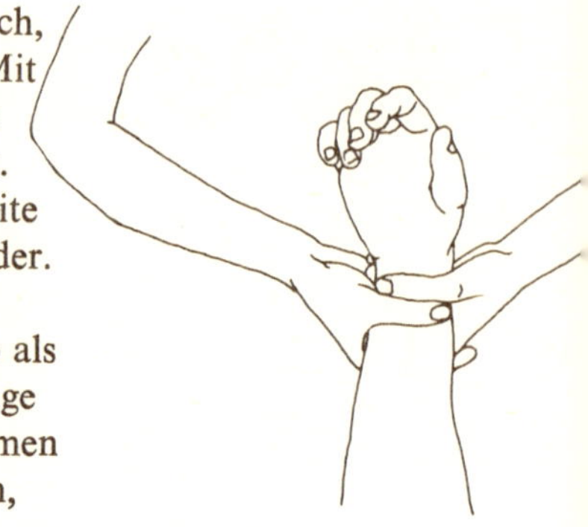

Sie fragen sich vielleicht, warum beim Hinuntergleiten Druck ausgeübt werden soll, beim Hochstreifen aber nicht. Nun, die Venen, die dichter unter der Hautoberfläche liegen als die Arterien, werden durch äußeren Druck stärker beeinflußt als diese. Deshalb bekommt, wenn wir »zum Herzen hinmassieren«, wie es die traditionelle Massagekunde formuliert, die Blutzirkulation durch die Venen zum Herzen hin einen zusätzlichen Anreiz. Bei vielen anderen Griffen, die hier beschrieben sind, trifft dies in viel geringerem Maße zu. Doch gerade beim Massieren des Unterarms werden Sie bald merken, daß Ihr Partner es als angenehm empfindet, wenn Sie beim Hinuntergleiten massiven Druck ausüben, beim Zurückstreichen aber überhaupt keinen.

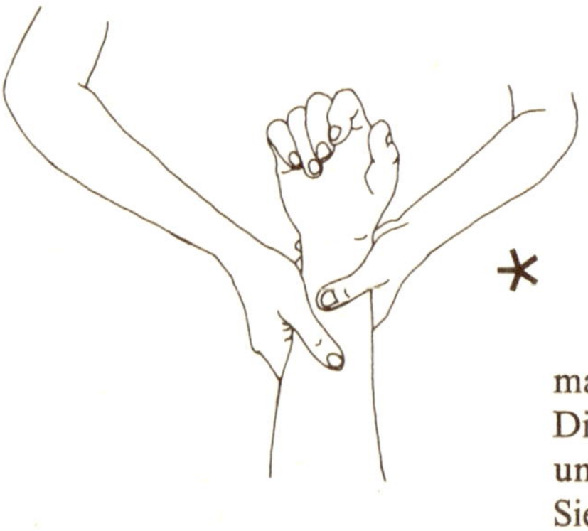

* 3 Der Unterarm Ihres Partners bleibt in derselben aufrechten Stellung wie vorhin. Sie legen nun alle Finger außen auf das Handgelenk und massieren die Innenseite mit den Daumenkuppen. Die Daumen arbeiten dabei im Wechsel sowohl nach unten in Richtung Ellbogen wie auch nach außen. Sie streichen so lange, bis Sie alle Muskeln an der Innenseite des Unterarms erreicht haben.

4 Im Vorübergehen bekommt auch der Ellbogen etwas ab. Der Arm Ihres Partners bleibt weiterhin aufrecht; sie ballen mit einer Hand eine lockere Faust und massieren dann leicht mit den Fingerknöcheln über die Armbeuge, also die Innenseite des Armes. Hier sollten Sie sehr sanft sein; denn Sie haben es mit einer besonders empfindlichen Region zu tun.

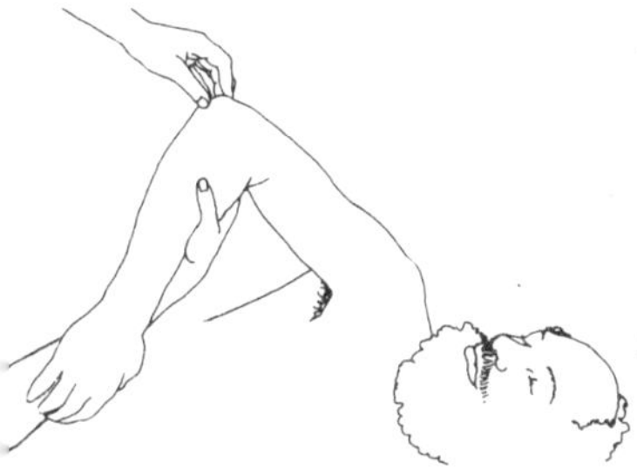

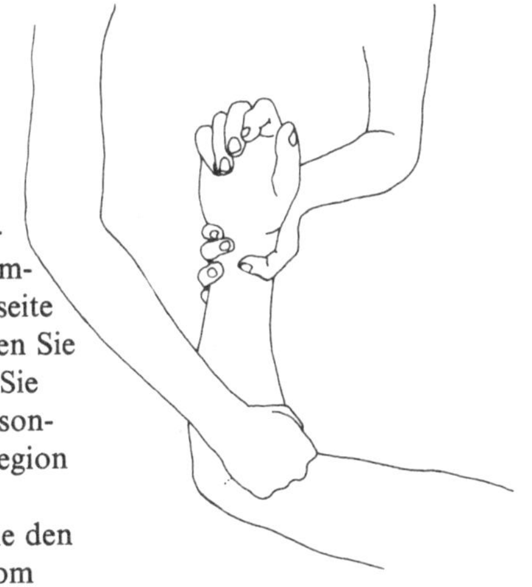

Als nächstes heben Sie den Oberarm ein wenig vom Tisch ab und massieren den Ellbogen mit Daumen- und Fingerspitzen in kleinen Kreisen.

5 Die Griffe unter Nummer 2 und 3 wiederholen Sie nun mit dem Oberarm. Dabei werden Sie feststellen, daß es gar nicht so leicht ist, den Oberarm in der Senkrechten zu halten. Doch eine Möglichkeit ist, die Hand Ihres Partners auf Ihre linke Schulter zu legen und Ihre Wange dagegen zu pressen, so als ob Sie eine Geige halten müßten. Sie können aber auch den Arm Ihres Freundes am Ellbogen abwinkeln und den Unterarm in Höhe des Halses pendeln lassen. In diesem Fall müssen Sie darauf achten, daß der Unterarm nicht gegen sein Kinn schlägt, während Sie den Oberarm bearbeiten.

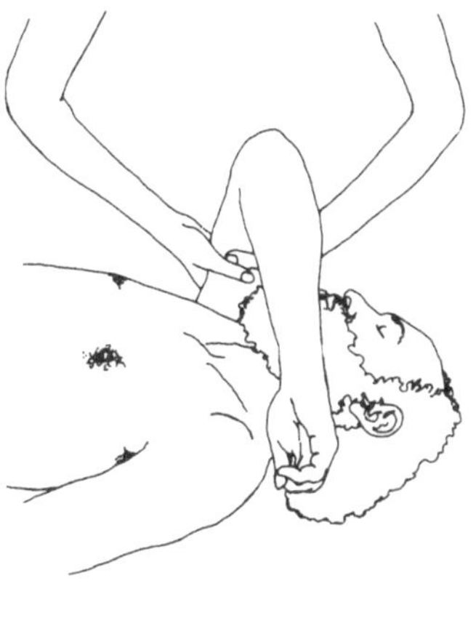

Wenn Sie sich für die eine oder andere Möglichkeit entschieden haben, massieren Sie den Oberarm und bearbeiten dann die exponierten Muskeln mit den Daumen, gerade so wie beim Unterarm.

6 Als nächstes strecken Sie den ganzen Arm Ihres Partners hoch. Mit Ihrer linken Hand fassen Sie das Handgelenk, mit der rechten geben Sie dem Arm am Ellbogen Halt, damit er nicht einknickt. Jetzt bewegen Sie den erhobenen, gestreckten Arm in der Achselhöhle leicht auf und ab. Sie drücken ihn hinunter und lockern den Druck gleich wieder. Das Ganze wiederholen Sie etwa sechsmal in schneller Folge.

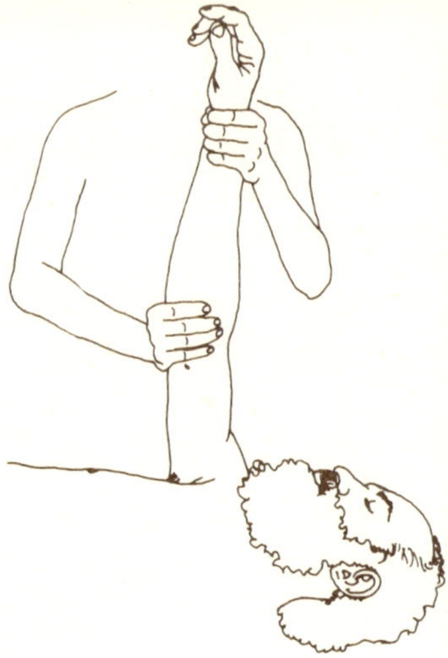

7 Sie halten den Arm Ihres Freundes noch immer in der Senkrechten. Jetzt werfen Sie ihn von einer Seite zur andern. Dazu senken Sie den Arm zuerst nach rechts (zur Hüfte Ihres Partners hin), wobei Sie das Handgelenk mit Ihrer rechten Hand halten und den Ellbogen mit der linken stabilisieren. Dann werfen Sie den Arm leicht hoch. Ihre Hände bleiben jedoch dran. Sobald der Arm dann nach links hinüberfällt, wechseln Sie die Stellung der Hände, so daß nun die linke Hand das Handgelenk und die rechte den Ellbogen faßt. So können Sie den Fall mit der linken Hand bremsen. Lassen Sie den Arm fast auf den Tisch fallen, und schubsen Sie ihn dann wieder zurück nach rechts. Wieder wechseln Sie die Handstellung, wenn der Arm aus der Ausgangsposition nach rechts fällt. Dann beginnt die Übung von vorn. Sollte Ihr Partner den Arm steif halten, so daß er gar nicht unwillkürlich und leicht fallen kann, erinnern Sie ihn bitte, daß er sich entspannen soll. Wiederholen Sie diese Übung dreimal.

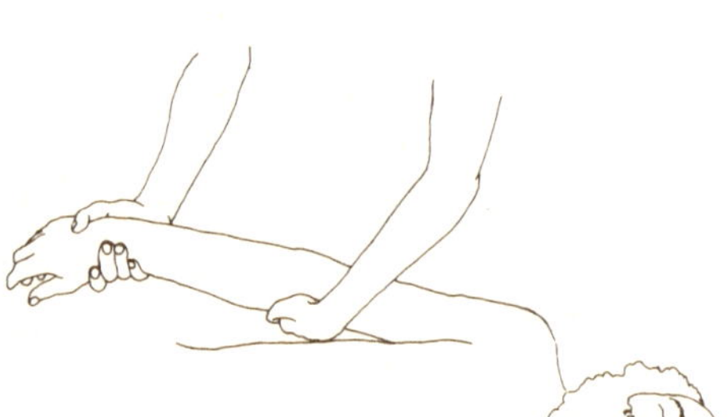

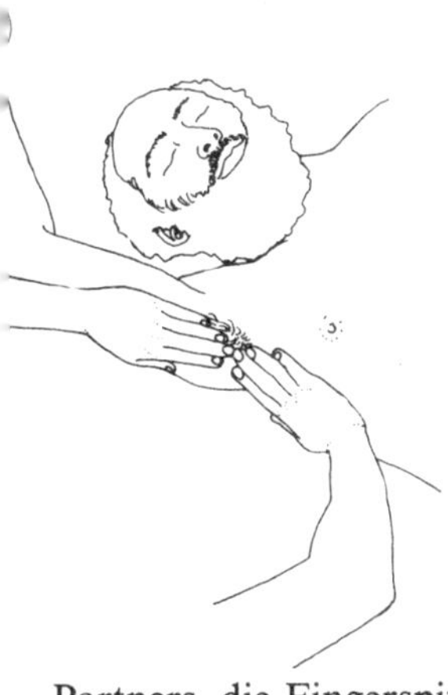

8 Mit einem besonders netten Griff nehmen wir Abschied vom Arm. Werfen Sie jetzt den rechten Arm (wie in Übung 7) noch einmal nach links, fangen Sie ihn auf und lassen ihn ein wenig ruhen. Dabei soll der Oberarm auf dem Tisch neben dem Kopf liegen, der Unterarm aber teilweise in der Luft bleiben. Inzwischen legen Sie beide Handflächen leicht in die Achselhöhlengegend Ihres Partners, die Fingerspitzen sollen gegeneinander zeigen. Jetzt streichen Ihre Hände auseinander, die Handballen voran. Dabei wird nur leichter Druck angewendet. Die rechte Hand gleitet an der Rumpfseite entlang zu den Hüften hinunter, die linke den Oberarm hinauf. Sobald die Hände die Achselhöhle selbst verlassen haben, drehen Sie Ihre Hände, so daß jetzt die Handballen zum Tisch zeigen. Auch während dieser Drehung streichen Sie in gleichmäßigem Tempo weiter. Die linke Hand umgreift dann den Arm.

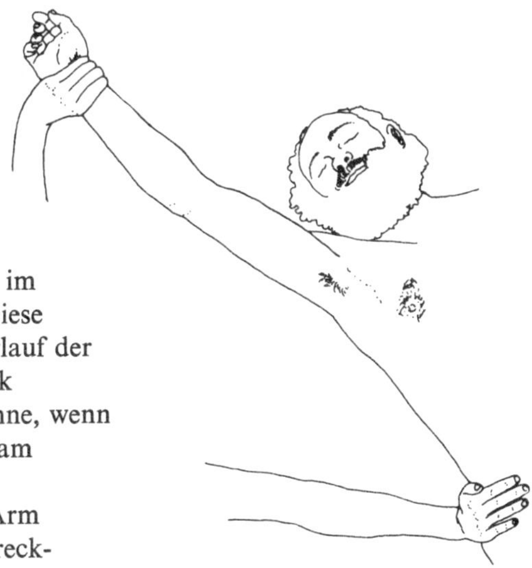

Mit der rechten Handfläche drücken Sie im Vorübergleiten fest gegen den Rumpf. Diese Handstellung wird auch im weiteren Verlauf der Übung beibehalten. Dabei soll der Druck allmählich stärker werden. Halten Sie inne, wenn die rechte Hand an der Hüfte, die linke am Handgelenk angekommen ist.
Dann fassen Sie fester zu und drücken Arm und Hüfte kräftig auseinander. Diese Streckbewegung sollen Sie ungefähr eine Sekunde lang durchhalten und dann entspannen. Der Kontakt zum Partner darf nur so lange unterbrochen werden, wie Sie brauchen, um Ihre Hände zum Ausgangspunkt an der Achselhöhle zurückzuführen. Wiederholen Sie die ganze Übung noch einmal. Danach legen Sie den Arm wieder neben den Körper Ihres Partners auf den Tisch zurück. Ich persönlich massiere am liebsten nach dem rechten Arm zuerst die rechte Hand. Deshalb können Sie, wenn Sie mir darin folgen wollen, jetzt ruhig mit dem nächsten Kapitel fortfahren, bevor Sie den linken Arm massieren.

Die Hand

Für die Hände brauchen Sie nur sehr wenig Öl. Das, was nach der Armmassage an Ihren Händen übriggeblieben ist, dürfte völlig ausreichen.

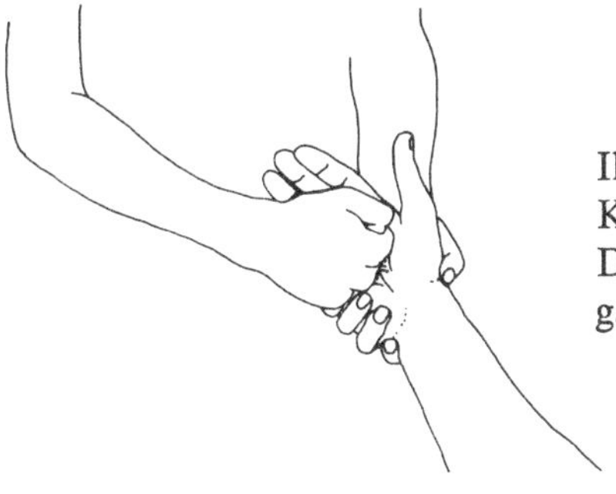

1 Mit Ihrer linken Hand halten Sie die rechte Hand Ihres Partners, die Handfläche nach oben. Dann machen Sie mit Ihrer Rechten eine Faust und massieren mit den Knöcheln in kleinen Kreisen den Handteller. Drücken Sie kräftig zu und bearbeiten Sie die ganze Handfläche, nicht aber die Finger.

* 2 Beim nächsten Griff nehmen Sie sich die gleiche Stelle noch einmal vor. Doch diesmal bearbeiten Sie sie mit den Daumenspitzen. Halten Sie den Handrücken mit den Fingern beider Hände und kreisen Sie kräftig mit den Daumen über die Handfläche. Jetzt gehen Sie aber über den Handteller hinaus und massieren, allerdings mit weniger Druck, auch die Innenseite des Handgelenks.

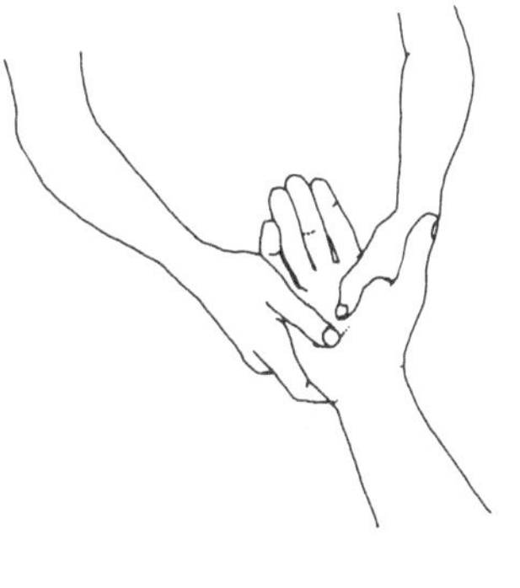

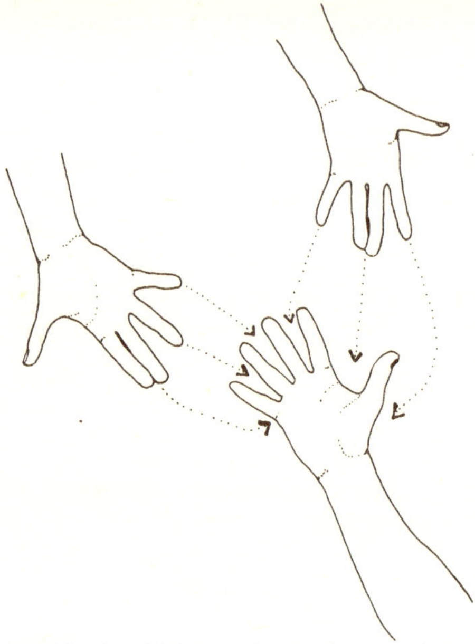

Wollen Sie sich noch an etwas Komplizierteres wagen? Die Hand Ihres Partners liegt mit der Innenseite nach oben. Stecken Sie den kleinen Finger Ihrer linken Hand zwischen seinen Zeige- und Mittelfinger; Ringfinger und Mittelfinger Ihrer linken Hand zwischen seinen Zeigefinger und Daumen; und den Zeigefinger Ihrer linken Hand auf die andere Seite seines Daumens. Gleichzeitig stekken Sie den kleinen Finger Ihrer rechten Hand zwischen seinen Mittel- und Ringfinger; Ihren rechten Ringfinger zwischen seinen Ring- und kleinen Finger; und schließlich Mittel- und Ringfinger Ihrer rechten Hand auf die andere Seite seines kleinen Fingers. Ich hoffe, dieses kleine Fingerspiel ist Ihnen klargeworden. Jetzt stoßen Sie alle Ihre Finger, so weit es geht, in Richtung auf den Handrücken Ihres Partners. »Und was bewirkt das?« werden Sie fragen. Nun, wenn Sie das richtig machen, sind seine Finger so weit zurückgebogen, daß seine Handfläche gespannt ist wie ein Trommelfell. Und jetzt bearbeiten Sie den Handteller mit Ihren Daumenspitzen; die Finger des Partners sind weiterhin nach hinten gebogen. Drücken Sie ruhig kräftig zu und dringen Sie geduldig bis in die kleinsten Winkel und Fältchen vor. Dieser Griff – das werden Sie feststellen, wenn er einmal an Ihnen selbst ausprobiert wird – ist die kleine Extramühe wirklich wert.

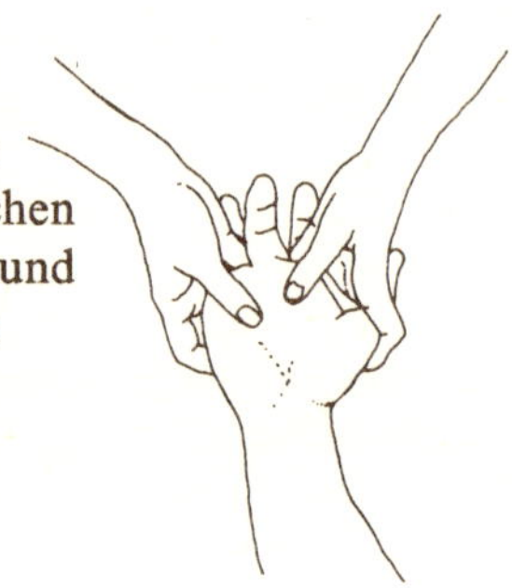

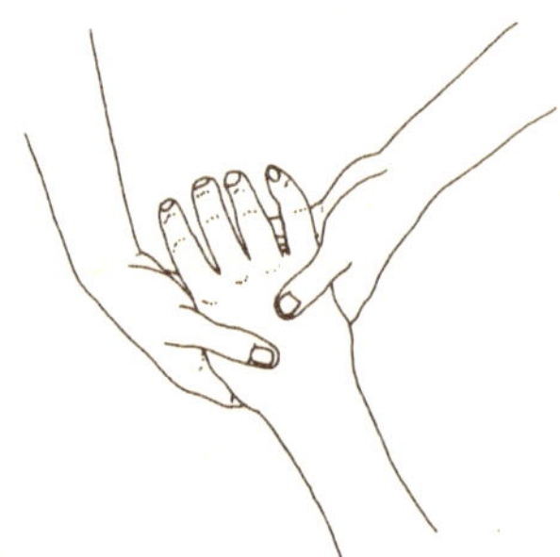

* 3 Bearbeiten Sie nun gründlich den Handrücken mit den Daumenkuppen. Dabei können Sie ruhig ein paar Zentimeter über das Handgelenk hinausgehen. Wenden Sie besonders den winzigen Knöchelchen, auf die Ihre Daumen hier überall stoßen, Ihre Aufmerksamkeit zu.

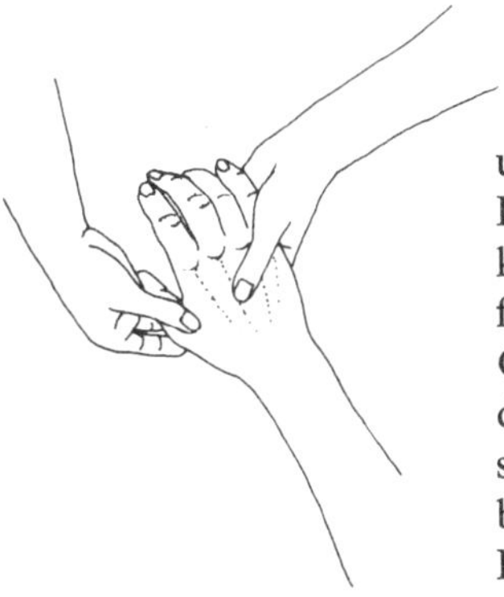

4 Beim folgenden Griff müssen Sie ein wenig den anatomischen Gegebenheiten folgen. Halten Sie die Hand Ihres Partners mit der Innenseite nach unten in Ihrer linken Hand und schauen Sie sich seinen Handrücken ein bißchen genauer an. Beachten Sie die kleinen erhabenen Bänder unmittelbar unter der Oberfläche der Haut, die von der Handwurzel bis zum ersten Gelenk jedes Fingers verlaufen. Es sind die Sehnen, die die Aufgabe haben, die Finger zu strecken. (Wenn Sie sie nicht gleich erkennen können, betrachten Sie am besten Ihren eigenen Handrücken und machen dabei Ihre Hand auf und zu; dann sind die Sehnen deutlich sichtbar). Nun stellen Sie sich die Sehnen als Bergkämme und die Zwischenräume als Täler vor und fahren mit der Daumenspitze nach und nach durch alle Täler. Streichen Sie vom Handgelenk bis zu dem kleinen Stück Haut zwischen den Fingern. Drücken Sie kräftig genug, damit Ihr Partner jeden einzelnen Strich deutlich spürt; nur an der Haut zwischen den Fingern müssen Sie den Druck zurücknehmen. Jedes Sehnental wird zweimal bearbeitet, die beiden Täler auf der rechten Seite vom Daumen Ihrer rechten Hand, die auf der linken von Ihrem linken Daumen.
Eine Möglichkeit zu weiterer Steigerung bieten, falls Sie Lust dazu haben, die Häutchen zwischen den Fingern. Mit der Spitze Ihres Zeigefingers wirken Sie von unten auf das Häutchen ein, während der Daumen im Vorbeigleiten leicht von oben drückt.

5 Die folgende Übung kommt Ihnen vielleicht besonders kompliziert vor, doch sie ist ganz einfach, wenn Sie erst den Bogen heraushaben. Mit beiden Händen halten Sie die Hand Ihres Partners, die Handfläche nach unten. Nun pressen Ihre Handballen den Handrücken, und Ihre Fingerspitzen drücken gegen die Handfläche. Oben sollen sich Ihre Handballen, unten Ihre Fingerspitzen berühren. Während die Fingerspitzen fest nach oben, die Ballen kräftig nach unten drücken, bewegen sich die

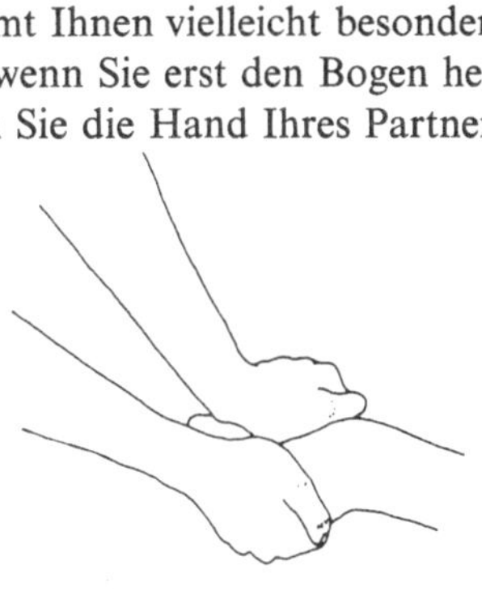

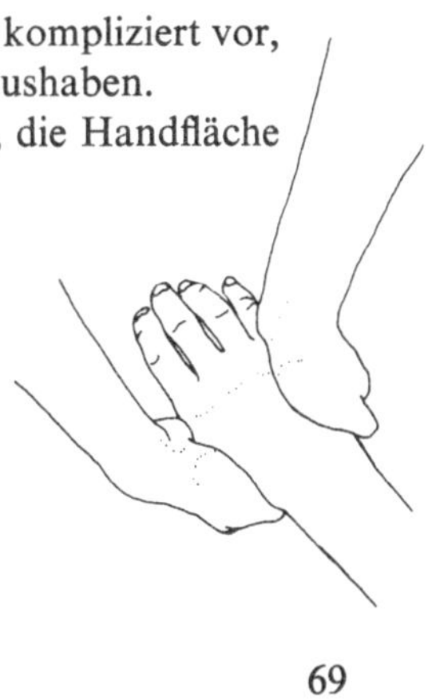

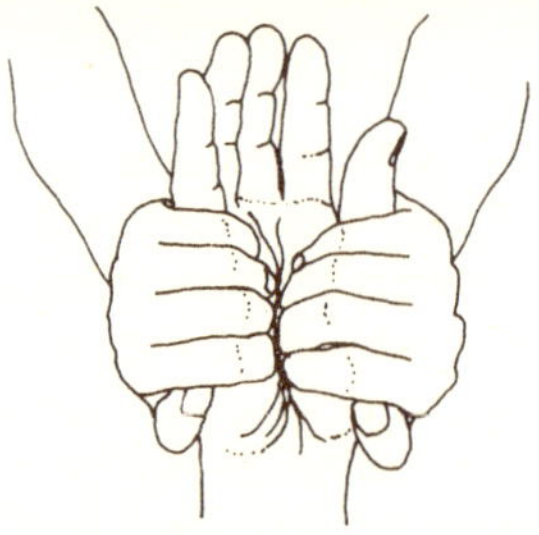

Hände langsam auseinander, bis die Handballen den Rand des Handrückens Ihres Partners erreichen. Wiederholen Sie diesen Strich dreimal.

* 6 Jetzt sind die Finger an der Reihe. Halten Sie die Hand Ihres Partners am Handgelenk mit Ihrer rechten Hand. Mit Daumen und Zeigefinger Ihrer linken packen Sie seinen Daumen leicht an der Wurzel. Nun streichen Sie bis zur Daumenspitze hoch unter gleichzeitigem Hin- und Herdrehen Ihrer Hand. Dabei dürfen Sie ruhig etwas ziehen. Dann lassen Sie den Daumen los und massieren auch die anderen Finger auf die gleiche Art.

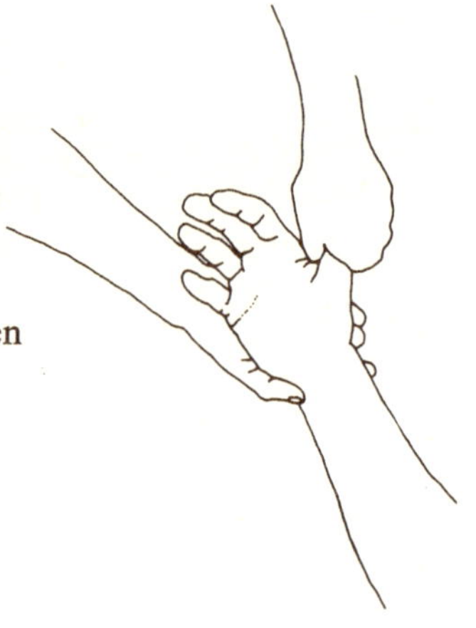

* 7 Mit einem besonders angenehmen Strich beenden Sie die Handmassage. Einen Augenblick lang halten Sie die Hand Ihres Partners fest zwischen Ihren Händen. Dabei bedecken Sie soviel von seiner Handoberfläche wie möglich. Konzentrieren Sie sich auf Ihre Atmung. Dann richten Sie Ihre volle Aufmerksamkeit auf seine Hand und versuchen, durch Ihre Hände Ihre Atemkraft auf ihn zu übertragen. Diese Pause braucht nicht lange zu dauern – 30 Sekunden oder so. Nachher fühlen Sie selbst sich erfrischt, und Ihr Partner ist viel aufgeschlossener für das, was ihn jetzt noch erwartet.

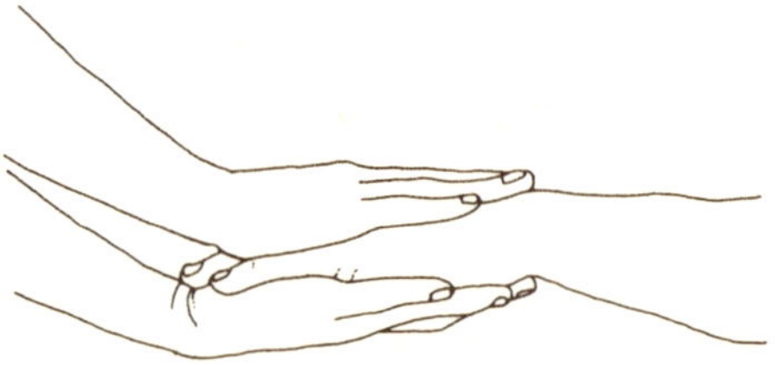

Die Vorderseite des Beins

Ihr Partner liegt mit ein wenig gespreizten Beinen auf dem Rücken. Geben Sie etwas Öl auf die Vorderseite und die Seiten des rechten Beins.

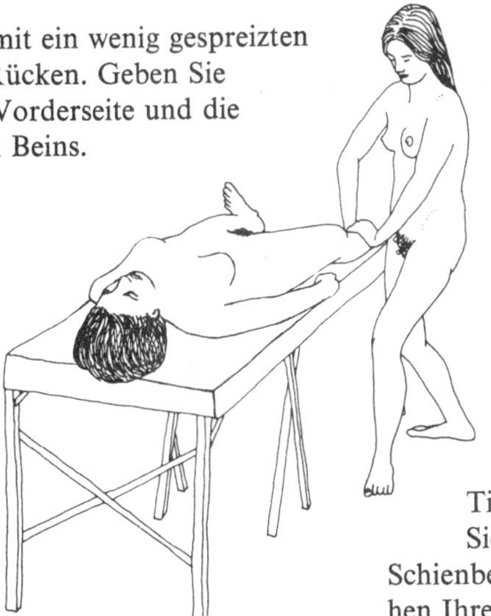

* 1 Bei dieser Hauptübung für das Bein müssen Sie genau auf der richtigen Stelle stehen. Wenn Sie am Tisch massieren, postieren Sie sich neben dem rechten Schienbein Ihres Partners und drehen Ihren eigenen Körper in einem Winkel von etwa 45 Grad zur Tischplatte; Sie sollten also ungefähr in Richtung des Beckens blicken. Ihr Gewicht liegt auf dem rechten Fuß, der linke weist mit einem kleinen Ausfallschritt zum Kopfende des Tisches. Massieren Sie auf dem Boden, so knien Sie neben dem Schienbein Ihres Partners, den Blick zum Kopfende gerichtet. Ihre Knie sind etwa neben seinen Knien.

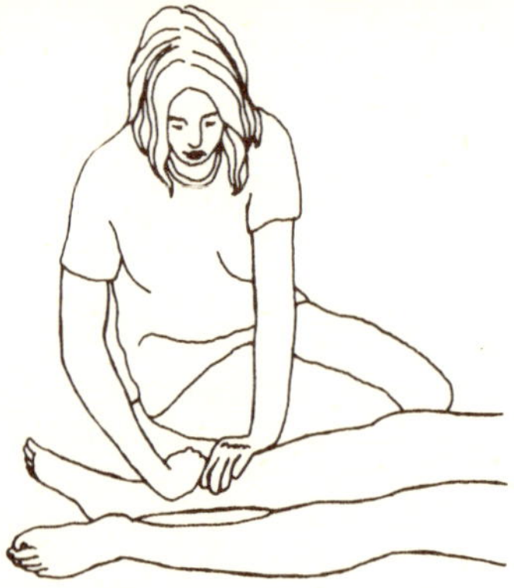

Jetzt legen Sie Ihre rechte Hand um das Fußgelenk, wobei die Fingerspitzen auf Sie hinzeigen. Ihre linke Hand liegt vor der rechten; die Fingerspitzen weisen in die entgegengesetzte Richtung. (Bei der Massage des linken Beins ist es natürlich genau umgekehrt.) Die Finger sind geschlossen; der Daumen der linken Hand liegt neben dem kleinen Finger der rechten.

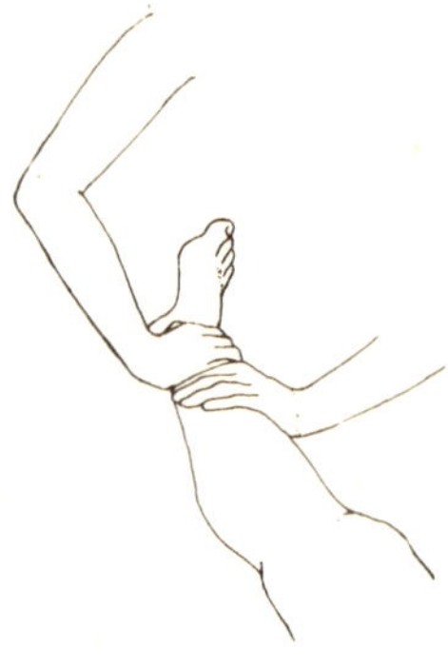

Jetzt gleiten beide Hände das Bein entlang nach oben. Die Bewegung ist langsam und gleichmäßig. Außer in der Gegend des Knies wird überall kräftiger Druck ausgeübt. Das erreichen Sie am besten, wenn Sie sich leicht über das Bein beugen, also mehr Ihr eigenes Körpergewicht als Ihre Muskelkraft einsetzen. Wenn Sie stehend massieren, verlagern Sie während der Bewegung das Gewicht vom rechten auf das linke Bein. Aus der Kniestellung können Sie sich leicht aufrichten und vorbeugen, um Ihren Oberkörper so lange wie möglich über Ihren Händen zu haben.

Der schwierigste Teil dieses Strichs erwartet Sie, wenn Sie den Oberschenkel erreicht haben. Hier trennen sich die Hände und gehen verschiedene Wege. Die linke Hand streicht weiter das Bein hinauf bis zum oberen Ende der Hüfte und dann über die Hüfte hinunter zur Unterlage. Die Fingerkuppen drücken dabei stark auf den Hüftknochen. Sind die Finger der linken Hand auf der Tischplatte angelangt, machen sie sich auf den Rückweg zum Fuß, diesmal an der Außenseite des Beins entlang. Inzwischen ist die rechte Hand langsam zur Innenseite des Schenkels gewandert. Dort, zwischen Becken und

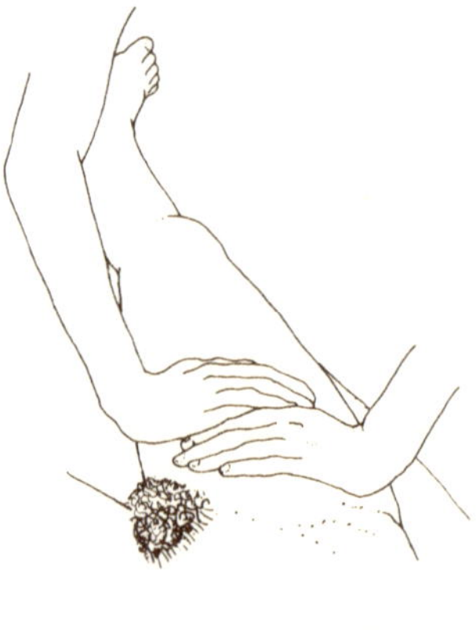

Schenkel, gibt es eine Furche. Dieser Furche, an den äußeren Schamlippen der Frau bzw. den männlichen Genitalien vorbei – oder auch, wenn Sie mögen, hier einmal herum streichend – folgen die Fingerspitzen, bis sie auf den Tisch stoßen. Jetzt beginnt die rechte Hand an der Innenseite des Beins entlang – gleichzeitig mit der linken – den Rückweg hinunter zum Fuß. Dabei verlagern Sie Ihr Gewicht zurück auf das rechte Bein und lassen die Fingerspitzen fast den Tisch berühren. Diesmal drücken Sie nicht so stark wie beim Hinaufmassieren; ein kräftiger Zug soll jedoch spürbar bleiben. Bei der Wiederholung dieses Strichs denken Sie bitte daran, daß in der Ausgangsposition am Unterschenkel die linke Hand vor der rechten liegt, sonst kommen sich die beiden Hände beim Auseinandergehen am Oberschenkel ins Gehege.

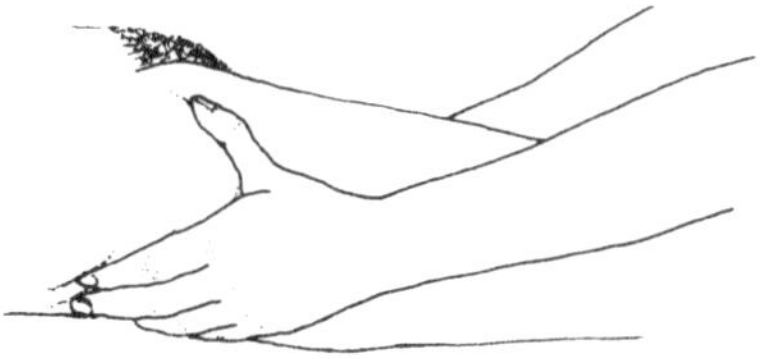

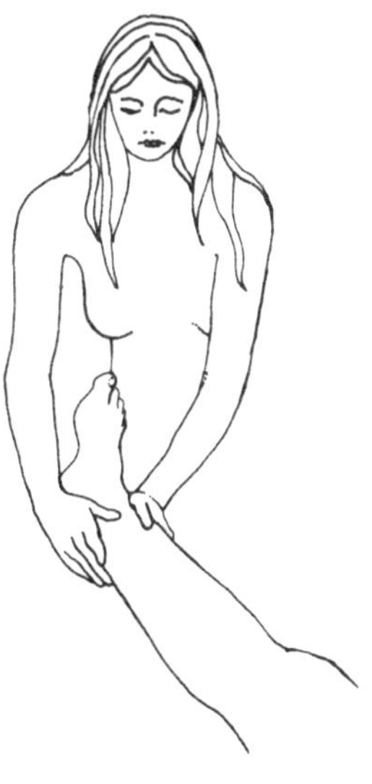

Damit dieser Strich als besonders wohltuend empfunden wird, müssen Sie erstens den Hüftknochen mit der linken Hand so sorgfältig und so genau wie möglich nachzeichnen. Ihrem Partner wird das so vorkommen, als zeichneten Sie ein Bild seiner Körperstrukturen, und das ist ein Reiz, den er als äußerst angenehm empfindet. Zum zweiten muß die Bewegung der Hände so koordiniert sein, daß sie, nachdem sie zwischenzeitlich am Oberschenkel auseinandergestrebt waren, genau parallel zueinander liegen, wenn Sie den Weg zurück antreten.
Eine herrliche Variante: Streichen Sie mit den Händen das Bein rauf, wie beschrieben, aber hinunter lassen Sie nur die Fingerspitzen sanft wie eine Feder auf dem Bein gleiten. Diesen Strich werden Sie, wenn Sie selbst der Massierte sind, als besonders glücklich empfinden. Wiederholen Sie die Hauptübung dreimal oder öfter. Ich würde sie sogar ab und zu zwischen andere Übungen einschieben.

2 Beim nächsten Strich legen Sie Ihre linke Handfläche flach gegen die Außenseite der linken Wade. Die Fingerspitzen zeigen zum Knie. Nun teilen Sie die Innenseite des Beins in drei parallele Streifen ein, die jeweils vom Knöchel bis zum Knie reichen. Die rechte Hand kommt in Höhe des obersten Streifens an den Knöchel, die Finger in Richtung Knie.

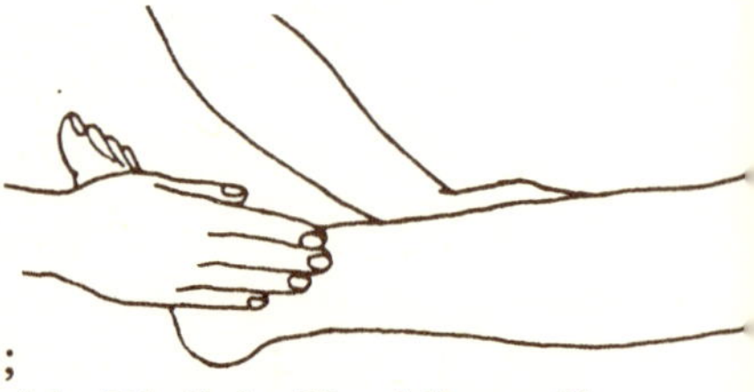

Die linke Hand bleibt ruhig liegen; und langsam gleitet die rechte den obersten gedachten Streifen entlang, bis die Fingerspitzen fast das Knie erreicht haben. Dann streicht die Hand zurück zum Knöchel; diesmal geht der Handballen voran; Geschwindigkeit und Druck des Strichs bleiben gleich. Die linke Hand liegt während der ganzen Zeit ruhig an der Außenseite des Beins, preßt aber etwas dem Druck der rechten Hand entgegen, so daß die Muskeln des Unterschenkels einem leichten Druck ausgesetzt sind.

Wenn Sie den obersten dieser »Streifen« hinauf und wieder zurück bearbeitet haben, ist der nächste und dann der übernächste an der Reihe. Dann bleibt die rechte Hand an der Innenseite liegen, und Sie massieren auf die gleiche Weise drei Streifen an der Außenseite des Unterschenkels.

Danach ist der Oberschenkel an der Reihe (oder, wenn Sie wollen, erst das Knie, wie in Übung 3 angegeben). Dabei gehen Sie genauso vor, wie Sie es für den Unterschenkel gelernt haben. Nur teilen Sie den Oberschenkel auf jeder Seite statt in drei in vier oder fünf »Streifen« auf, denn hier ist die Fläche breiter. Auf der Innenseite verlaufen die Streifen von der Kniegegend bis zu der Furche zwischen Oberschenkel und Becken. Auf der Außenseite wird ebenfalls am Knie angesetzt und dann der Strich bis zur Hüfte geführt. Lassen Sie jedesmal die Fingerspitzen der linken Hand vor dem Rückweg zum Knie über den Rand des Hüftknochens gleiten.

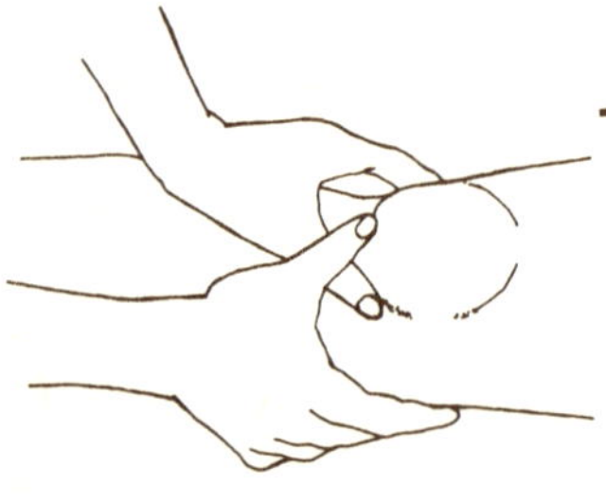

*

3 Und nun zum Knie! Das Knie massiere ich besonders gern. Der Partner kann dabei entdecken, was für ein Vergnügen es ist, ein Knie zu haben. In der Beschreibung hört sich der folgende Strich vielleicht ein wenig schwierig an, aber er ist im Grund ganz einfach. Legen Sie die gekreuzten Daumen am unteren Rand der Kniescheibe auf. Dann kreisen

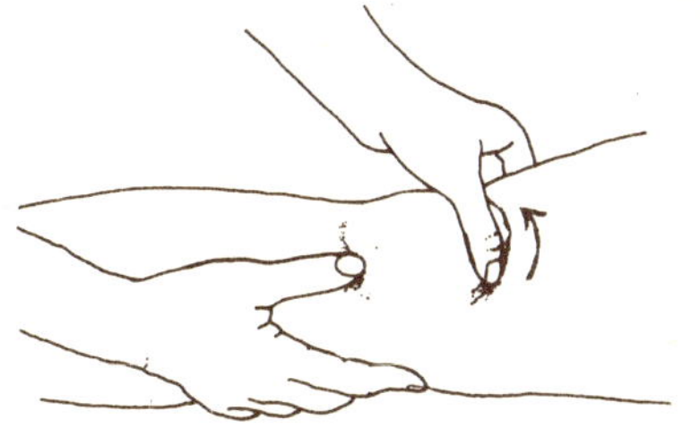

Sie mit der Spitze des linken Daumens gegen die Uhrzeigerrichtung rund um die Kniescheibe. Sie spüren dabei eine kleine Rille zwischen dem Rand der Kniescheibe und dem darunterliegenden Knochen. Mit sanftem, aber stetigem Druck pressen Sie den Daumen in diese Furche.

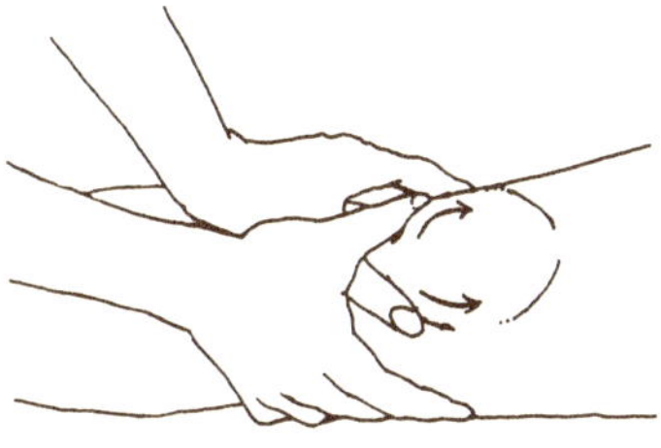

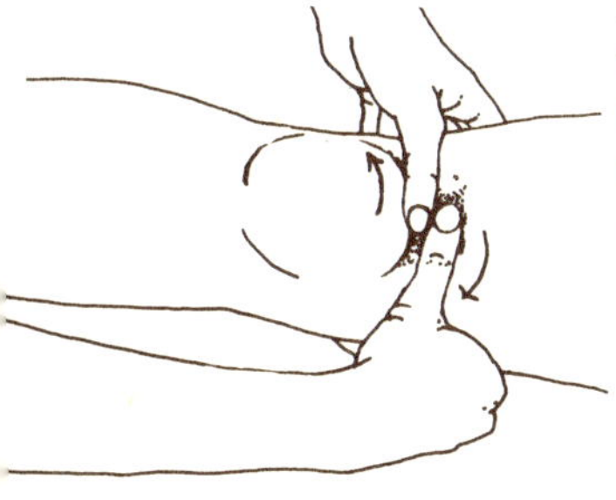

Dann machen Sie das gleiche mit dem rechten Daumen in Uhrzeigerrichtung.
Dann lassen Sie beide Daumen wie eben beschrieben kreisen, nur gleichzeitig. Zuerst streichen die Daumen hinauf. Am oberen Rand der Kniescheibe stoßen die Kuppen aufeinander, gehen dann auseinander und kommen an der Seite, die ihrem Ausgangspunkt gegenüberliegt, wieder herunter. Unten kreuzen Sie die Daumen wieder und beginnen von vorn zu kreisen. So beschreiben Sie langsam drei oder mehr Kreise, ohne dabei die Daumen abzuheben oder innezuhalten.

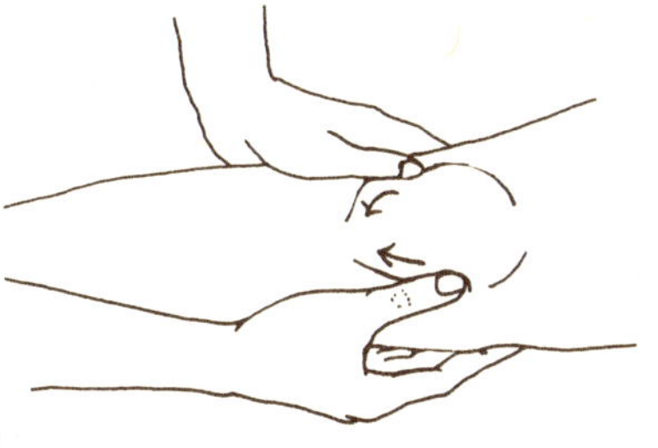

Danach trommeln Sie leicht mit allen zehn Fingerspitzen ein paar Sekunden lang auf die Kniescheibe. Dann reiben Sie mit Ihren Händen leicht über beide Seiten des Knies. Dabei beschreiben Sie auf jeder Seite fünf bis sechs weite Kreise.

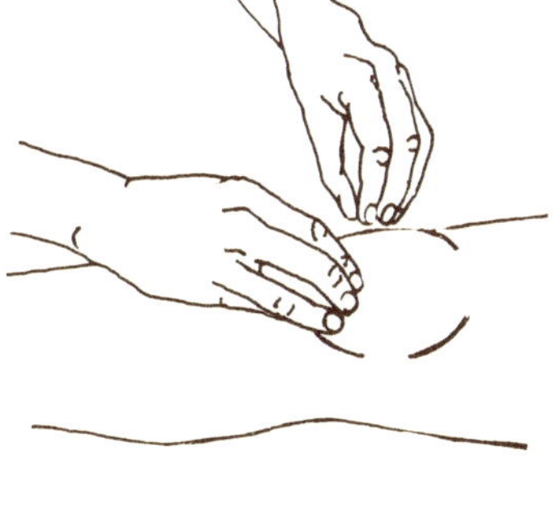

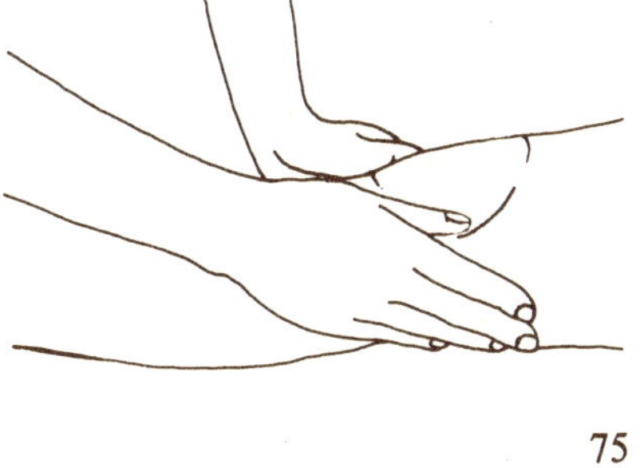

4 Bei den beiden nächsten Strichen sollten Sie das Knie Ihres Partners anheben und abwinkeln. Zu diesem Zweck greifen Sie mit der linken Hand unter das Knie und schieben mit der rechten den Fuß so weit zurück, daß er in Höhe des linken Knies steht. Das Bein soll sich etwa im Gleichgewicht halten können.

Wenn Sie am Tisch massieren, stellen Sie das Bein fest, indem Sie sich leicht mit der rechten Pobacke auf die Zehenspitzen Ihres Partners setzen. Bei der Massage am Boden knien Sie und halten seinen Fuß zwischen Ihren Knien.

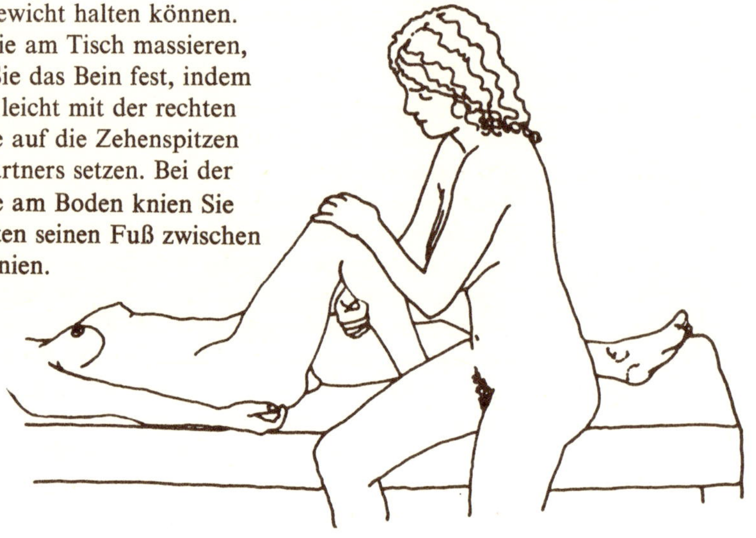

Jetzt schließen Sie die rechte Hand, schieben sie von rechts unter das Bein und massieren mit der Innenseite Ihres Unterarms die Wadenmuskulatur. Sie fangen unten über der Ferse an und kreisen mit der Innenseite Ihres Handgelenks zuerst von links nach rechts. Während Sie sich an der Wade hinaufarbeiten, schieben Sie Ihren Unterarm immer weiter durch, so daß er, wenn Sie oben angelangt sind, bis zur Armbeuge durchgeschoben ist. Auf dem Rückweg hinunter ziehen Sie Ihren Arm wieder nach rechts, bis Ihr Handgelenk wieder über der Ferse liegt. Kreisen Sie so noch zweimal in derselben Richtung und dann dreimal in Gegenrichtung.

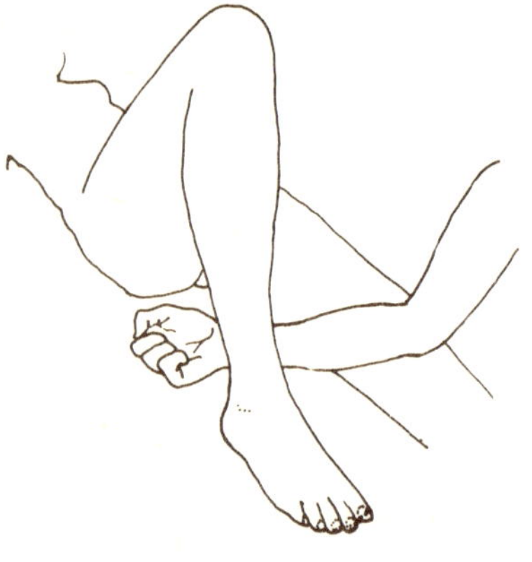

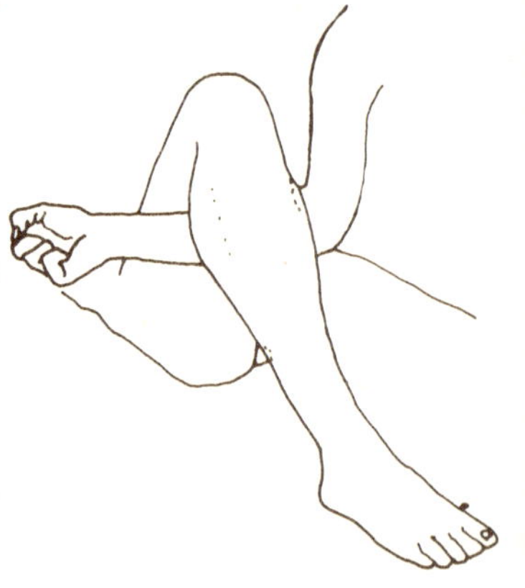

5 Jetzt soll der Oberschenkel »gerollt« werden. Das Bein bleibt dazu in der gleichen Position wie bei der letzten Übung. Legen Sie Ihre Hände knapp oberhalb des Knies an beide Seiten des Oberschenkels und bewegen Sie sie kräftig vor und zurück. Dabei gleitet die linke Hand nach vorn (in Richtung Ihrer Fingerspitzen), während die rechte nach hinten wirkt. Anschließend geht es anders herum. Gleichzeitig arbeiten sich beide Hände den Oberschenkel ganz hinauf. Dann geht es mit der gleichen Bewegung zurück. Das Ganze wird noch einmal wiederholt.

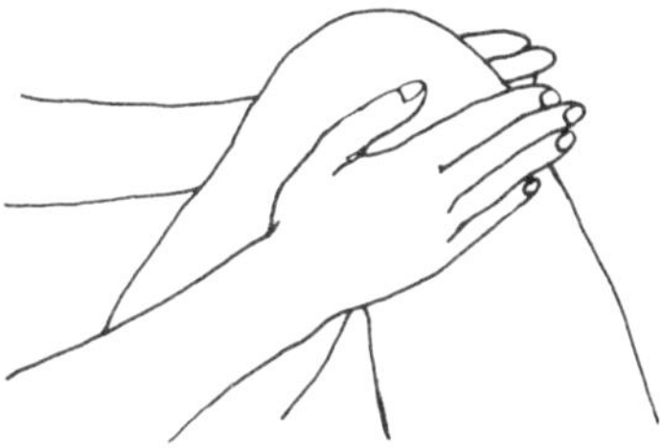

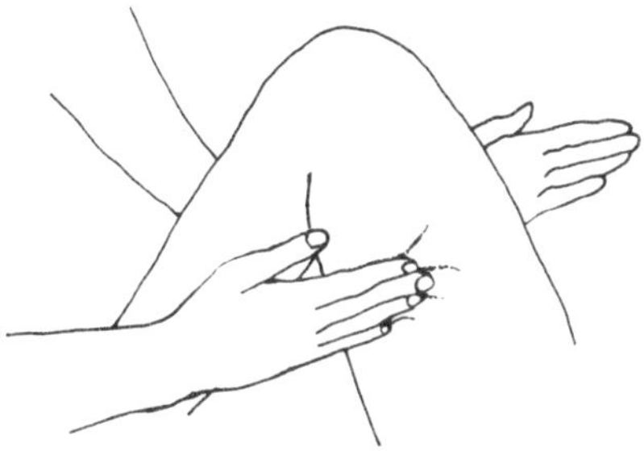

Wie bei Hand und Arm massiere ich persönlich nach dem rechten Bein gern zuerst den rechten Fuß, bevor ich zum linken Bein übergehe. Wenn auch Sie diese Reihenfolge einhalten wollen, sollten Sie sich jetzt gleich dem Kapitel »Der Fuß« zuwenden.

Der Fuß

Der Fuß ist ein besonders kompliziertes Gebilde unseres Körpers. Er besteht aus 26 einzelnen Knochen.
Was aber uns, die wir massieren wollen, vor allem interessiert, ist die Rolle, die der Fuß für das gesamte Nervensystem des Körpers spielt. In der Fußsohle kommen Zehntausende von Nervenenden zusammen, deren Bahnen über den ganzen Körper verteilt sind.
Der Fuß ist gleichsam die »Landkarte« des Körpers. Jeder Muskel, jede Drüse, jedes innere oder äußere Organ hat Nervenstränge, von denen ein Ende im Fuß verankert ist. Das heißt, wenn wir den Fuß massieren, regen wir den gesamten Körper an. Für die Fußmassage brauchen Sie nur wenig Öl. Wahrscheinlich genügt das, was Sie noch von der Beinmassage an Ihren Händen haben.

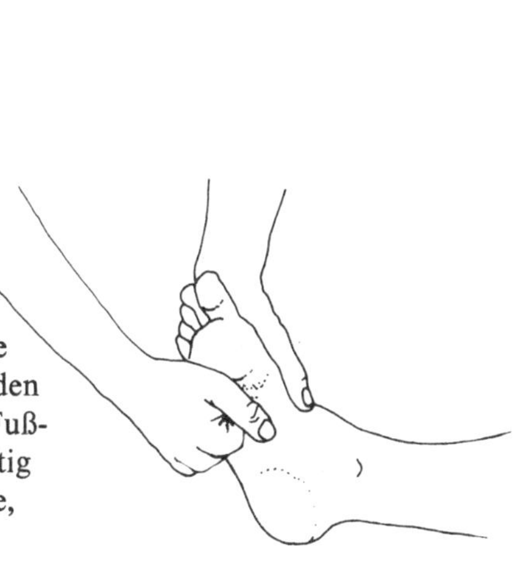

1 Schließen Sie die rechte Hand; die linke hält den Fuß. Dann massieren Sie mit den Fingerknöcheln der rechten Hand die Fußsohle in kleinen Kreisen und drücken dabei kräftig zu. Achten Sie darauf, daß die gesamte Fußsohle, einschließlich der Ferse, behandelt wird.

* 2 Als nächstes streichen Sie mit beiden Daumen über die Fußsohle. Dabei halten Sie den Fuß mit den Fingern fest und bewegen die Daumen gleichzeitig in kleinen Kreisen. So bearbeiten Sie die ganze Fußsohle, langsam und gründlich. Und denken Sie dabei immer an die vielen tausend Nervenenden, die den Fuß mit dem gesamten Körper verbinden.
Bei der Massage auf dem Boden gibt es hier gewisse Schwierigkeiten. Deshalb sollten Sie sich entweder im Schneidersitz zu Füßen Ihres Partners niederlassen und seinen Fuß auf Ihr Knie oder Bein legen oder den Fuß mit einem dicken Kissen hochlagern.

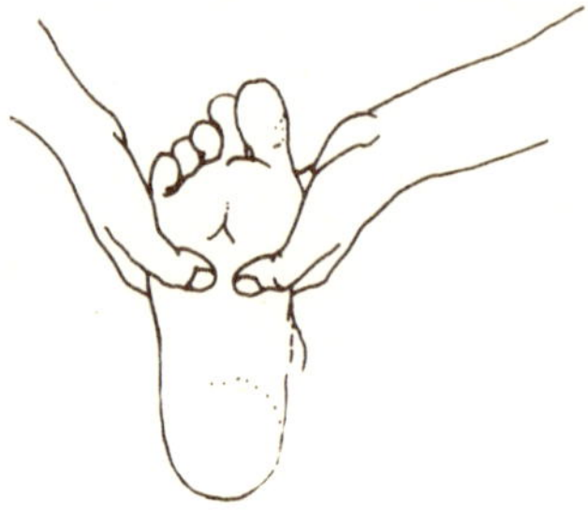

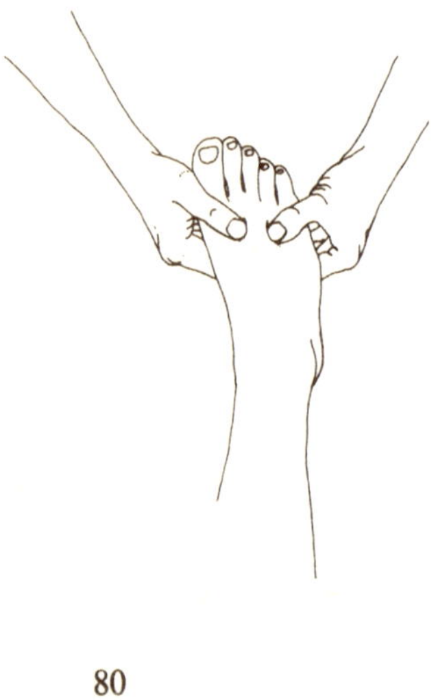

* 3 Nun ist die Oberseite des Fußes an der Reihe. Wieder treten die Daumen in Aktion; wieder müssen Sie kräftig und durchdringend massieren. Lassen Sie bitte nicht das kleinste Fleckchen unbehandelt. In der Nähe der Knöchel und der Ferse kommen Sie besser mit den Fingerspitzen zurecht. Kreisen Sie mehrmals mit den Fingerspitzen um den inneren und äußeren Fußknöchel, also die beiden fünfmarkstückgroßen Höcker an der linken und rechten Seite des Fußes.

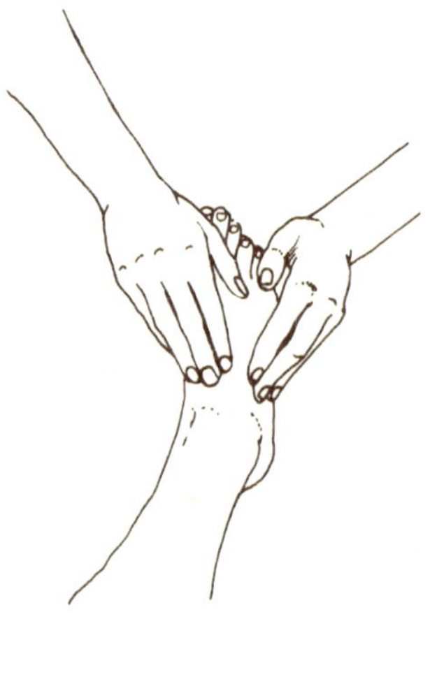

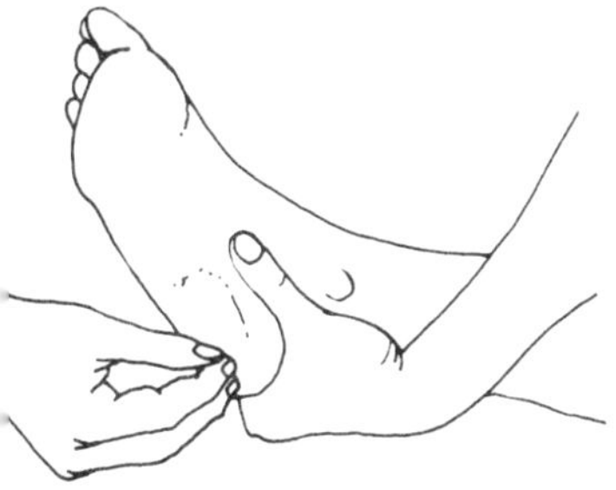

4 Wenn Sie schließlich an der Ferse angekommen sind, heben Sie mit der linken Hand den Fuß von hinten leicht an. Nun bearbeiten Sie die Lauffläche der Ferse mit den Fingerspitzen und dem Daumen der rechten Hand. Dabei müssen Sie kräftig drücken.

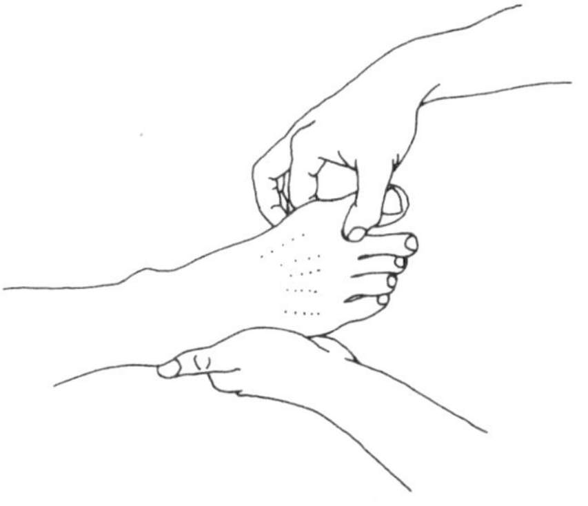

5 Dann wenden Sie sich dem Vorderfuß zu und gehen den langen dünnen Sehnen nach, die vom Fußgelenk zu jedem Zeh laufen. Die Daumenspitze streicht mit festem Druck einmal durch jedes Tal zwischen den Sehnen. Beginnen Sie am Gelenk und enden bei dem Stückchen Haut zwischen den Zehen. Wie bei der Handmassage können Sie auch hier das Häutchen mit Daumen und Zeigefinger ein wenig kneten.

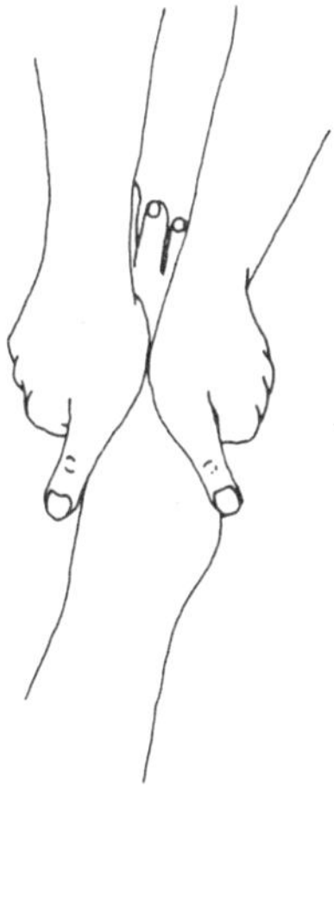

6 Als nächstes kneten Sie den ganzen Fuß, wie Sie es bei der Hand gelernt haben. Sie fassen ihn mit beiden Händen, die Handballen auf der Oberseite des Fußes, die Fingerspitzen in der Mitte der Fußsohle. Dabei stoßen Handballen und Fingerspitzen aneinander. Jetzt drücken Sie mit den Ballen ganz fest gegen den Rist und mit

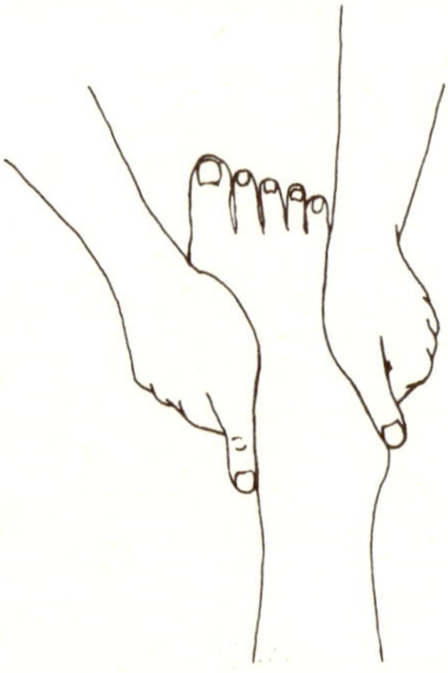

den Fingerspitzen gegen die Fußsohle. Gleichzeitig bewegen sich Ihre Handballen von der Mitte zu den Seiten des Fußes. Wenn Sie außen angelangt sind, halten Sie inne. – Das Ganze bitte noch zweimal wiederholen.

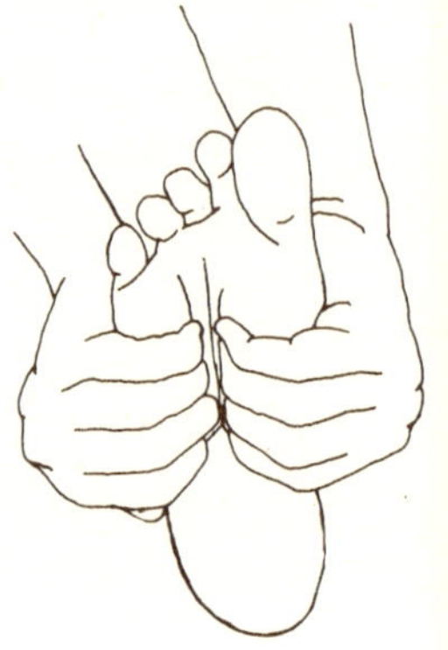

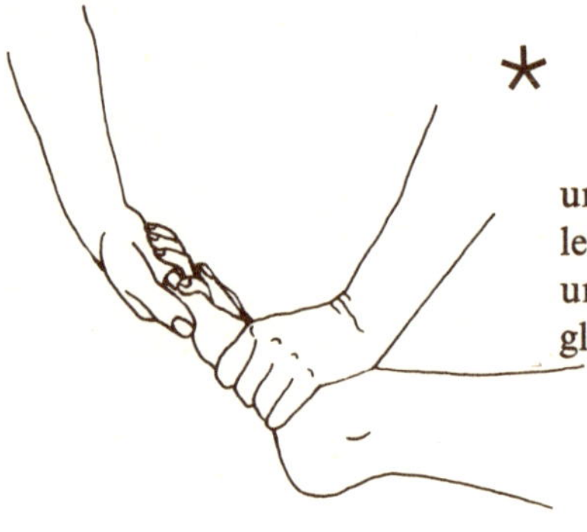

* 7 Nun sind die Zehen an der Reihe. Mit der linken Hand halten Sie den Fuß ruhig. Daumen und Zeigefinger der rechten Hand fassen um den Schaft der großen Zehe. Dann ziehen Sie unter leichtem Hin- und Herdrehen vorsichtig an, bis Daumen und Zeigefinger über die Zehenspitze abgleiten. Das gleiche machen Sie mit den anderen Zehen.

* 8 Die Fußmassage endet wie die Massage der Hand. Nehmen Sie den Fuß zwischen Ihre Hände, eine Hand liegt unter der Fußsohle, die andere auf dem Rist, und halten Sie einen Augenblick inne. Konzentrieren Sie sich auf Ihre Atmung. Nun lassen Sie den Atem gleichsam in Ihre Hände strömen und übertragen auf Ihren Partner etwas von Ihrer eigenen Energie.

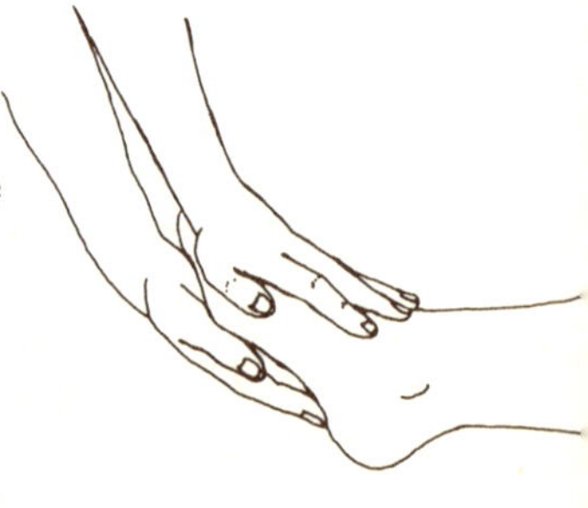

Die Rückseite des Beins

Wenn Sie bisher in der vorgeschlagenen Reihenfolge massiert haben, dreht sich Ihr Partner jetzt auf den Bauch. Auch während dieser Drehung sollte der Kontakt zwischen seinem Körper und Ihrer Hand bestehen bleiben. Den Kopf kann Ihr Partner auf die Seite legen – mal auf die eine, mal auf die andere.
Nun streichen Sie Öl auf das rechte Bein, das Gesäß und die Hüfte.

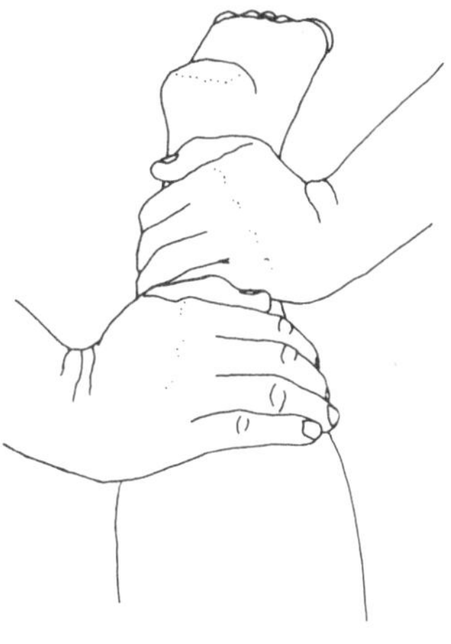

1 Sie beginnen mit dem Hauptgriff und gehen dabei genauso vor wie bei der Massage der Vorderseite des Beins. Die Beine des Partners liegen in leichter Grätschstellung. Sie stehen neben seinem rechten Fuß. Nun legen Sie Ihre linke Hand oberhalb der Ferse auf das untere Ende der Wade. Die Fingerspitzen weisen auf Sie hin, während die Finger der rechten Hand, die unmittelbar darüberliegt, in entgegengesetzte Richtung zeigen. Mit kräftigem Druck bewegen Sie beide Hände aufwärts. In der Kniekehle drücken Sie weniger stark. Verlagern Sie Ihr eigenes Gewicht beim Hinaufmassieren vom einen auf den anderen Fuß. Am oberen Ende des Oberschenkels trennen sich Ihre Hände. Die rechte streicht über das Gesäß, bis die Fingerspitzen den Hüftknochen erreichen. Dann gleitet die Hand die Hüfte entlang bis zum Tisch

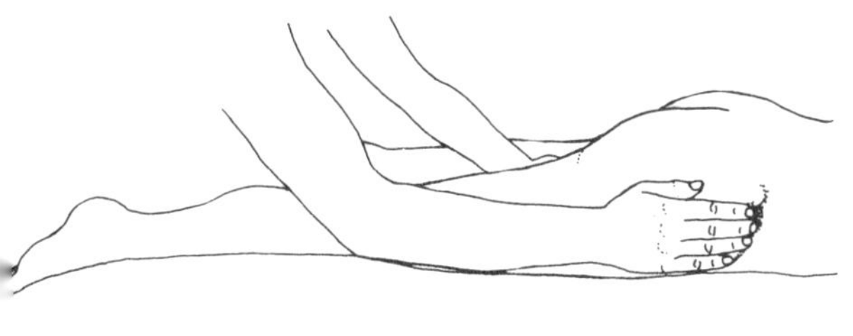

und zieht kräftig die Konturen des Hüftknochens nach. Anschließend führen Sie die rechte Hand an der Außenseite des Beins entlang zurück zum Fußgelenk. Inzwischen ist die linke Hand an der Innenseite des Schenkels weitergeglitten. Versuchen Sie, die Bewegungen beider Hände so abzustimmen – dazu gehört allerdings wie bei der Massage der Vorderseite des Beins einige Übung –, daß die linke Hand, nachdem sie an der Innenseite des Schenkels heruntergefahren ist, gerade dann auf den Tisch trifft, wenn die rechte auf dem Rückweg von der Hüfte genau parallel an der Außenseite liegt. Dann streichen beide Hände gleichzeitig an den Seiten zurück zum Fuß. Dort versuchen Sie, mit fließendem Übergang die Hände wieder in die Ausgangsposition zu bringen.
Wiederholen Sie diese Übung dreimal oder öfter und kommen Sie auch zwischen anderen Übungen manchmal darauf zurück.

2 Die folgende Technik bezeichnet man als Rollen.
Legen Sie Ihre Hände nebeneinander – die Fingerspitzen weisen von Ihnen weg – unten auf die Wade Ihres Partners. Die ganze Handfläche hält dabei Kontakt zum Bein.
Sehen wir uns die Griffe zuerst in Zeitlupe an. Die linke Hand rollt um das Bein herum nach vorn, bis die Fingerspitzen den Tisch berühren. Gleichzeitig bewegt sich die rechte Hand in entgegengesetzter Richtung so weit, bis der Handballen an die Tischplatte stößt.

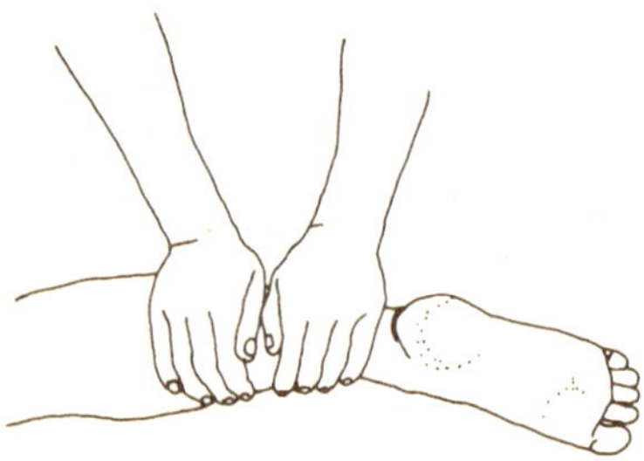

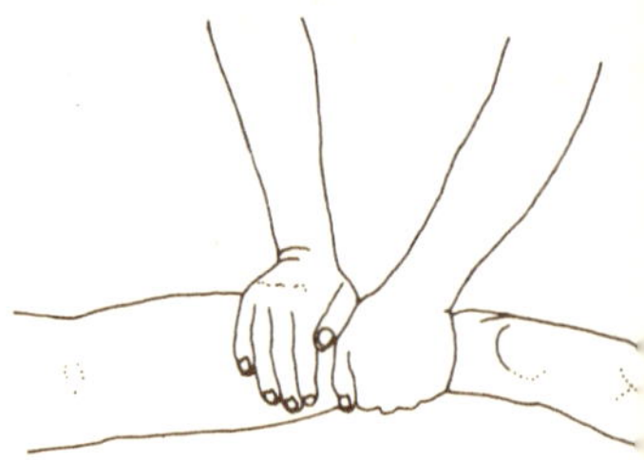

Dann rollen beide Hände zurück in die Richtung, aus der sie gekommen sind, bis die Fingerspitzen der rechten Hand und der Handballen der linken die Tischplatte berühren. Und wieder zurück zur anderen Seite, und so weiter. Wenn Sie nun diese Bewegung und Gegenbewegung etwas beschleunigen, kommen Sie zum Rollen. Dabei fahren beide Hände schnell hin und zurück und arbeiten sich gleichzeitig das Bein hinauf. Das Rollen soll zwar nur mit leichtem Druck ausgeführt werden, aber doch schnell und kraftvoll sein. Während der ganzen Zeit müssen die Hände gegeneinander rollen, und die Daumen sollen bei jeder Bewegung aneinander reiben.
Das Rollen wird einmal das Bein hinauf und wieder hinunter ausgeführt. Das genügt vollauf.

3 Die Handflächen werden oberhalb des Fußgelenks an die Seiten des Beins gelegt. Einige Finger berühren den Tisch, die anderen bilden mit der Tischplatte einen Winkel von ca. 45 Grad. Quer über den unteren Wadenansatz legen Sie beide Daumen so, daß sie in entgegengesetzte Richtungen weisen und sich berühren. Jetzt gleiten Sie langsam den Unterschenkel hinauf und drücken leicht mit Handballen und Daumen. Kurz bevor Sie das Knie erreichen, halten Sie inne und streichen dann mit gleicher Geschwindigkeit, aber nun ohne Druck, den Unterschenkel zurück. Achten Sie darauf, daß während dieser ganzen Bewegung die Daumen nebeneinander bleiben. Dreimal streichen Sie hinauf und zurück, und jedesmal wird nur beim Hinaufgehen Druck ausgeübt. Denn setzen Sie die Hände am Oberschenkel kurz über dem Knie an und setzen hier die Übung fort, ebenfalls dreimal. Wenn der Schenkel breiter wird und Sie in die Nähe des Beckens kommen, trennen sich Ihre Daumen. Bringen Sie sie aber auf dem Rückweg wieder zusammen.

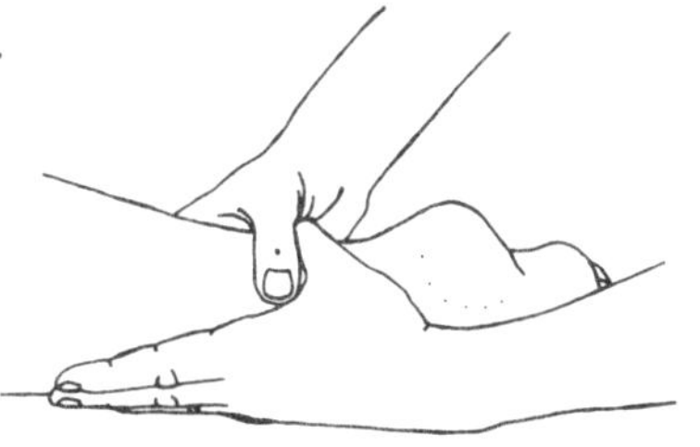

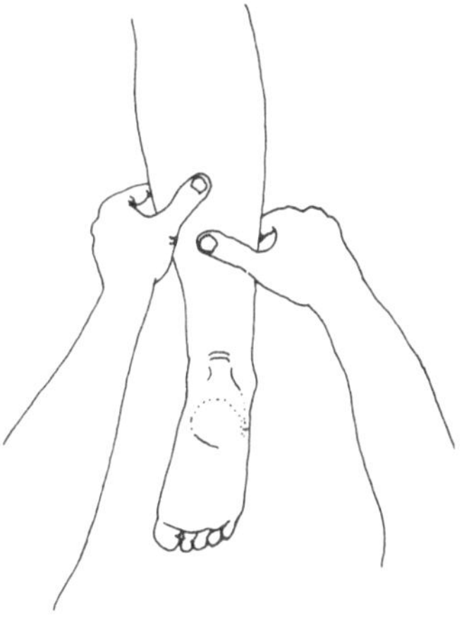

* 4 Nun arbeiten Sie mit den Daumenballen. Sie massieren die starke Wadenmuskulatur. Mit festem Streichen geht es das Bein hinauf über den ganzen Unterschenkel. Die Daumen bewegen sich abwechselnd.

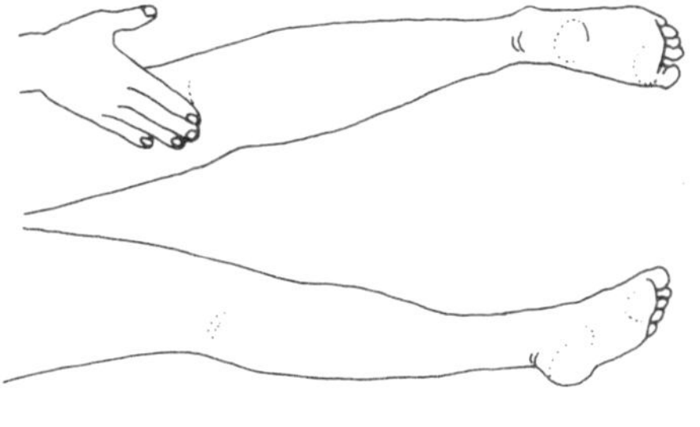

5 Mit den Fingern der einen Hand massieren Sie die Kniekehle. Machen Sie dabei sanfte kleine Kreise.

* 6 Als nächstes »ziehen« Sie auf der Innenseite des Oberschenkels. Sie beginnen knapp über dem Knie und ziehen Ihre Hände in stetem Wechsel senkrecht von unten nach oben und gleichzeitig den Oberschenkel hinauf. Dabei liegen die Handflächen auf dem Schenkel auf, die Fingerspitzen zeigen zum Tisch. Der Druck soll nur gering, der Rhythmus langsam und gleichmäßig sein. Wenn Sie oben am Becken angelangt sind, massieren Sie genauso langsam und gleichmäßig wieder zurück zum Knie. Wenn es nach Ihrem Partner ginge, würden Sie sich bei dieser Übung wahrscheinlich stundenlang aufhalten. Es genügt jedoch zweimal den Oberschenkel rauf und runter.

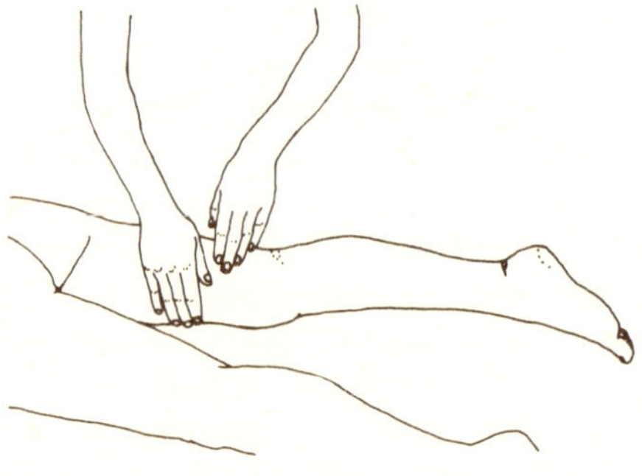

7 Und jetzt versuchen Sie zu »harken«. Dieser Griff eignet sich für fast alle Körperteile, besonders gut aber ist er auf der Rückseite der Beine, auf dem Gesäß und dem Rücken.

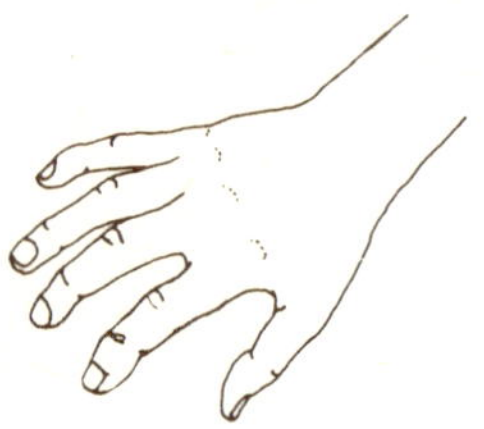

Spreizen Sie die leicht gekrümmten Finger und machen Sie sie etwas steif. Die Hände sollen wie Klauen aussehen. Jetzt bearbeiten Sie das Bein der Länge nach von oben nach unten mit kurzen Strichen – beide Hände in dauerndem Wechsel. Sie können am Oberschenkel, aber auch am Gesäß beginnen. Halten Sie die Hände in Klauenstellung und berühren Sie die Haut nur mit den Fingerspitzen. Die Bewegung soll rasch und fest sein, jeder Strich ungefähr 15 Zentimeter lang.
Systematisch »harken« Sie so das Bein hinunter und versuchen, die gesamte Fläche so vollständig wie möglich durchzumassieren. Diese Massage wenden Sie aber nur von oben nach unten an; in umgekehrter Richtung ist sie aus bestimmten Gründen nicht angenehm. Sobald Sie das Fußgelenk erreicht haben, setzen Sie noch einmal oben an und wiederholen diesen Griff.

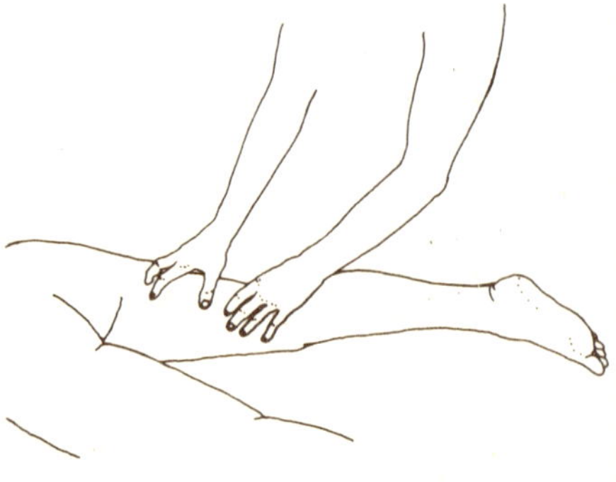

8 Heben Sie den Unterschenkel Ihres Partners an und winkeln ihn gegen den Oberschenkel ab. Dabei kommen Sie an einen Punkt, wo der Unterschenkel diesem Druck Widerstand entgegensetzt. Von hier ab drücken Sie ihn sanft noch ein paar Zentimeter weiter und lassen ihn noch ein paarmal hin- und herfedern. Drücken Sie die Ferse gegen das Gesäß, wenn das ohne große Schwierigkeiten möglich ist. Dann legen Sie das Bein wieder auf den Tisch zurück.

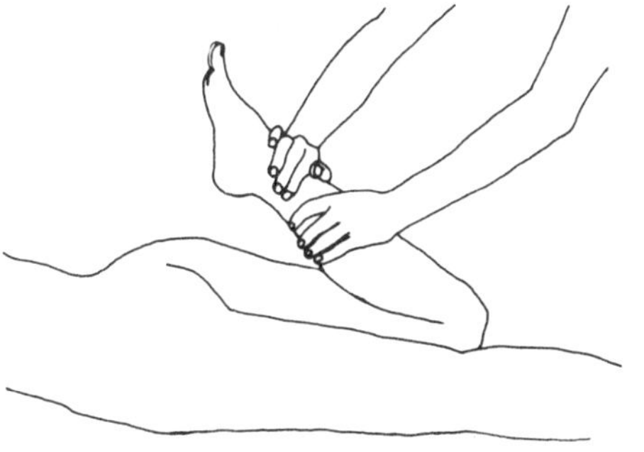

Das Gesäß

Das Gesäß ist der Körperteil, der sich am leichtesten massieren läßt; nicht zuletzt deshalb, weil hier jeder Ihrer Griffe als angenehm empfunden wird.

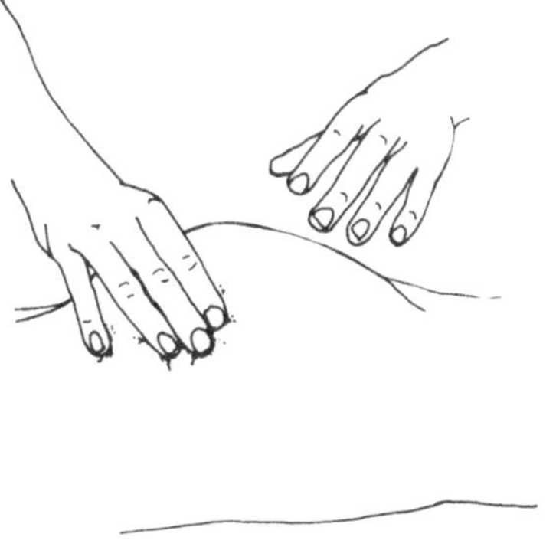

1 Kneten Sie beide Pobacken so, als ob Sie Brotteig zubereiten wollten. Greifen Sie einen Teil der Backe und quetschen Sie ihn zwischen Daumen und den anderen Fingern abwechselnd mit beiden Händen. Zuerst bearbeiten Sie so die eine Backe, dann die andere. Dabei brauchen Sie Ihren Standort am Tisch nicht zu wechseln.

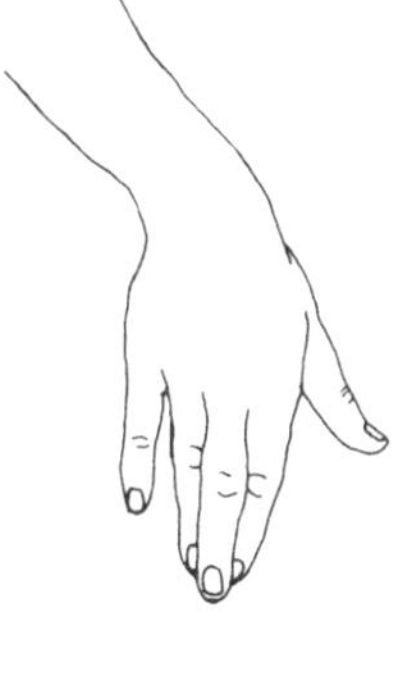

2 Denken Sie beim nächsten Griff daran, daß das Gesäß von der Taille bis zu den Oberschenkeln reicht. Sie stehen an der linken Seite Ihres Partners. Pressen Sie die mittleren drei Finger Ihrer rechten Hand (bei Linkshändern der linken) fest zusammen, so daß ihre Fingerspitzen ein Dreieck bilden, dessen Spitze der Mittelfinger ist. Diese drei Finger legen Sie auf einen Punkt unmittelbar unterhalb der Taille rechts neben die Wirbelsäule. Mit starkem Druck streichen Ihre Fingerspitzen in kleinen Kreisen auf die Ihnen gegenüberliegende Tischseite zu. Bei diesem dauernden Kreisen folgen Sie einer unsichtbaren Linie, die quer über das Gesäß läuft und über die Seite hinunter bis zur Tischplatte reicht. Dort angekommen,

lassen Sie Ihre Finger ohne jeden Druck in direkter Linie zum Ausgangspunkt zurückgleiten. In solchen gedachten parallelen Querstreifen massieren Sie das ganze Gesäß. Jeder neue Streifen beginnt etwa zwei bis drei Zentimeter tiefer als der letzte. Jedesmal fangen Sie unmittelbar neben der Wirbelsäule an oder, wenn Sie den Bereich der Wirbelsäule verlassen, gleich neben der Pospalte. Immer kehren Sie auf dem gleichen Streifen zurück, nachdem Ihre Finger die Tischplatte erreicht haben. So behandeln Sie die rechte Backe und gehen dann auf die andere Seite des Tisches, um sich der linken zuzuwenden.

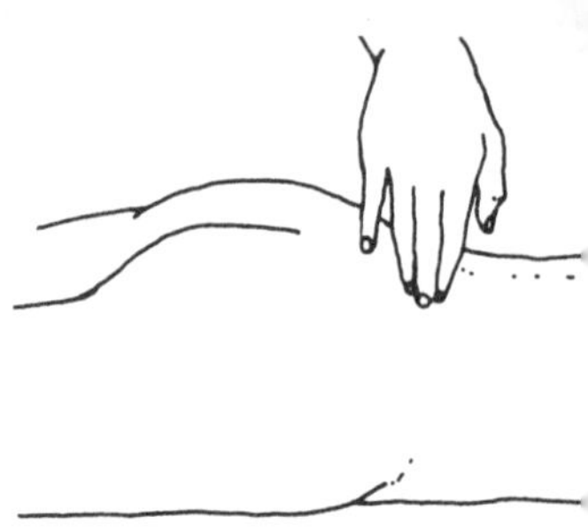

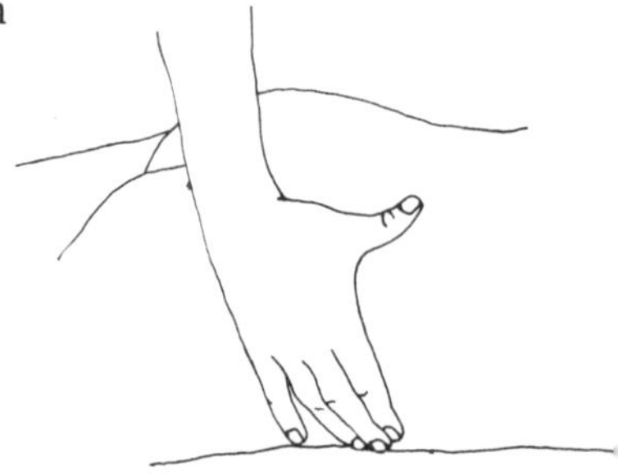

3 Der nächste Griff ist eigentlich gar nicht schwierig, nur dürfte es am Anfang etwas kompliziert sein, den richtigen Ansatzpunkt zu finden. Mit den Fingerspitzen einer Hand prüfen Sie die Muskulatur etwa zwei bis drei Zentimeter neben dem Mittelpunkt des Gesäßes. Sie suchen eine kleine Vertiefung oder einen Einschnitt zwischen zwei großen Muskelfalten, dem großen und dem mittleren Gesäßmuskel. Im allgemeinen ist diese Vertiefung leichter mit den Fingern zu ertasten als mit den Augen zu sehen. Wenn Sie sie nicht finden, macht das gar nichts. Entweder ist Ihr Partner ein Monstrum und hat diesen Einschnitt gar nicht oder, was wahrscheinlicher ist, Sie brauchen noch ein wenig mehr Übung. Auf jeden Fall machen Sie weiter, und zwar an irgendeinem Punkt, der Ihrer Meinung nach der gesuchte sein könnte; denn der folgende Griff ist für Ihren Partner in jedem Fall angenehm. Jetzt krümmen Sie einen Zeigefinger, drücken ihn mit dem zweiten Gelenk in die Vertiefung und drehen Ihre Hand langsam, so weit Sie können, hin und her. Dreimal nach jeder Seite reicht; denn Ihr Partner könnte andernfalls den Eindruck haben, daß er langsam, aber sicher am Tisch festgenagelt wird. Sie machen diese Übung dann auch auf der anderen Backe, bzw. schalte ich meist noch den folgenden Griff dazwischen, bevor ich meinen Standort wechsle, um dann beide Übungen hintereinander auf der anderen Backe auszuführen.

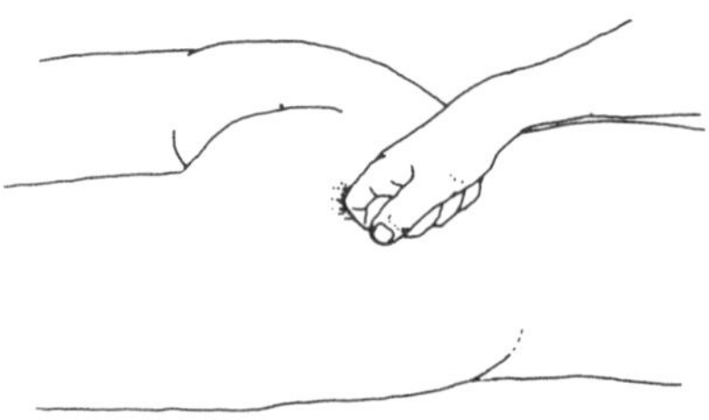

4 Wenn Sie den eben erwähnten Einschnitt nicht gefunden haben, haben Sie nun eine weitere Möglichkeit, zum Erfolg zu kommen. Sie kehren zum Ausgangspunkt neben der Gesäßmitte zurück und legen diesmal den Handballen auf. Die Fingerspitzen zeigen nun in die Luft, der Ballen wird fest gegen die Vertiefung gedrückt. Jetzt lassen Sie Ihre Hand, so schnell Sie können, vibrieren, und zwar nach Möglichkeit so, daß Ihr ganzer Arm zittert und geschüttelt wird, als ob Sie einen Elektroschock bekämen. Nach 10 Sekunden Vibration an dieser Stelle nehmen Sie sich andere Bereiche des Gesäßes vor. Dabei drücken und vibrieren Sie weiter. Um systematisch die gesamte Fläche des Gesäßes in diese Vibrationsbewegung einzubeziehen, würde ich an Ihrer Stelle das Gesäß wieder in mehrere zwei bis drei Zentimeter breite »Streifen« einteilen. Diesmal aber sollen diese Streifen nicht quer, sondern der Länge nach über das Gesäß gehen. Fangen Sie mit dem Streifen unmittelbar neben der Pospalte an. Der letzte Streifen auf der Hüfte liegt dann unmittelbar über der Tischplatte. Fahren Sie auf einem Streifen hinauf und kehren Sie auf dem nächsten zurück.

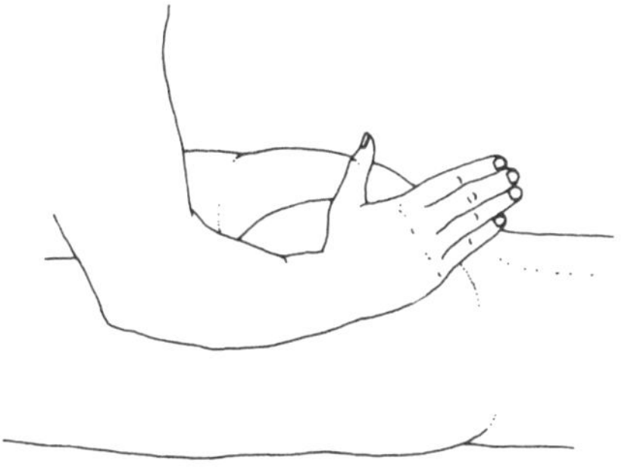

* 5 Spreizen Sie die Finger Ihrer rechten Hand, so weit Sie können, und legen Sie dann die Hand kräftig gegen die »Abhänge« der beiden Backen. Jetzt schütteln Sie mit Ihrer Hand beide Pobacken hin und her. Sie gehen dabei abwechselnd mal auf die eine, mal auf die andere Backe. Ihr Partner darf natürlich dabei sein Gesäß nicht anspannen. Diese Übung macht sicher Ihnen und Ihrem Partner sehr viel Spaß.

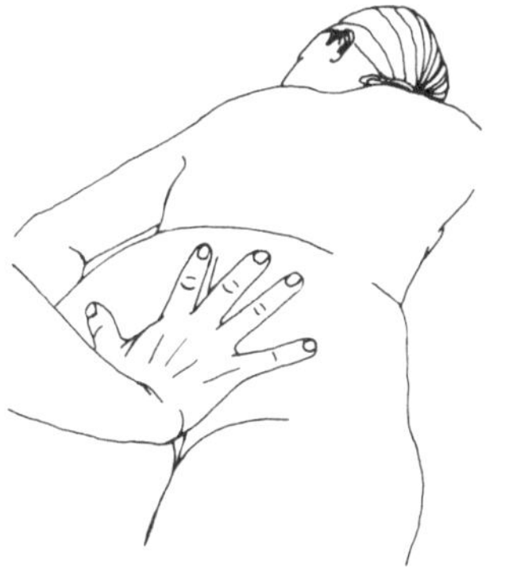

Der Rücken

Nach der Lehre der indischen und tibetanischen Yogis hängt unsere seelische und geistige Verfassung viel stärker vom Zustand unserer Wirbelsäule als irgendeinem anderen Körperteil ab. Ich neige aus verschiedenen Gründen zu derselben Annahme, nicht zuletzt wegen des tiefen Gefühls der Erleichterung, das die meisten Menschen überkommt, wenn sie eine gute und gründliche Rückenmassage erleben. Und so würde ich Ihnen vorschlagen, auf die Massage des Rückens mehr Zeit zu verwenden als auf jeden anderen Körperteil.
Reiben Sie Rücken, Schultern und die Körperseiten mit Öl ein, ebenso das Gesäß, wenn Sie nicht gerade noch daran massiert haben.

* 1 Hier ist der Hauptgriff. Er ist deshalb besonders gut, weil Sie ihn praktisch in jeder Richtung ausführen können.
Wenn Sie am Tisch massieren, ist es das einfachste, wenn Sie am Ende des Tisches am Kopf Ihres Partners Aufstellung nehmen. Bei der Massage am Boden haben Sie zwei Möglichkeiten. Entweder sitzen oder knien Sie ebenfalls hinter dem Kopf des Partners und führen die Übung genauso aus wie bei der Massage am Tisch. Oder Sie hocken rittlings über den Oberschenkeln Ihres Partners – eine sehr bequeme Stellung, von der aus Sie in der entgegengesetzten Richtung massieren können. Wenn Sie die zweite Möglichkeit vorziehen, sollten Sie aber doch vorher durchlesen, was über die erste Position im folgenden gesagt ist, bevor Sie die Massage dann in umgekehrter Richtung versuchen.

Hier die erste Möglichkeit: Stehen oder sitzen Sie am Kopfende Ihres Partners. Legen Sie Ihre Handflächen ganz oben am Rücken so an, daß die Finger zur Wirbelsäule zeigen. Die Fingerspitzen liegen knapp neben dem Rückgrat, berühren es aber nicht. Wie viele andere Übungen für den Rücken ist auch diese sehr viel weniger angenehm, wenn die Wirbelsäule selbst massiert wird. Jetzt gleiten Ihre Hände der Länge nach den Rücken hinunter. Sie beugen sich dabei weit vor, um Ihr eigenes Körpergewicht voll einzusetzen. Besonders die Fingerspitzen sollen

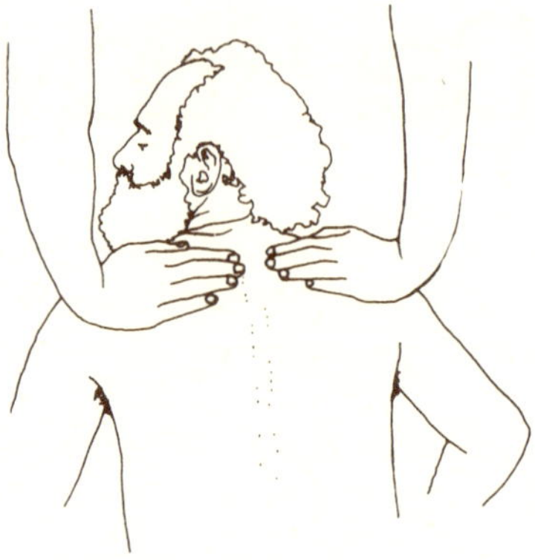

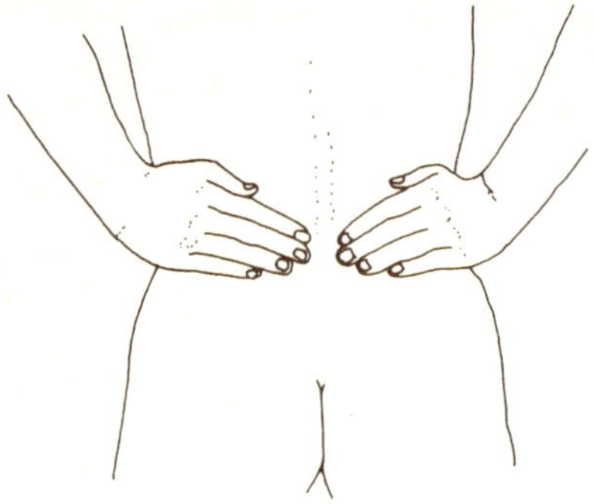

sehr fest aufdrücken. Sie spüren eine kleine Rinne zu beiden Seiten der Wirbelsäule. Im Hinuntergleiten pressen Ihre Fingerspitzen genau in diese Rillen. Wenn Sie am unteren Ende des Rückgrats angekommen sind, trennen sich Ihre Hände und streichen über die Hüften seitwärts zur Tischplatte. Dann ziehen Sie beide Hände an den Seiten des Rumpfes entlang zurück zu den Schultern. Pressen Sie beinahe so fest, als wollten Sie Ihren Partner vom Tisch wegziehen. Kurz vor den Achselhöhlen streichen Ihre Hände zum Ausgangspunkt ganz oben am Rücken zurück. Dann drehen Sie sie so, daß die Finger wieder auf die Wirbelsäule zeigen, und die Übung beginnt noch einmal von vorn.

Bevor Sie die Hände an den Rumpfseiten zurückgleiten lassen, können Sie, wenn es Ihnen Spaß macht, auch noch über die Pobacken streichen. Es ist immer eine gute Idee, bei der Rückenmassage das Gesäß möglichst oft mit einzubeziehen.

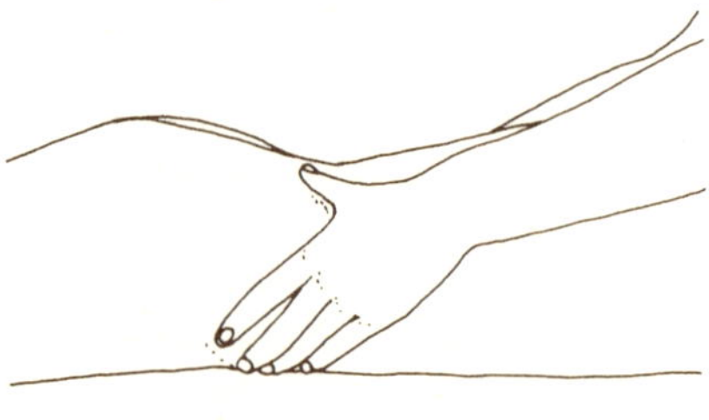

Wenn Sie auf dem Boden rittlings über den Oberschenkeln Ihres Partners hocken, fangen Sie einfach am unteren Rückenende an, wobei auch hier Ihre Fingerspitzen zur Wirbelsäule zeigen müssen. Führen Sie Ihre Hände den Rücken hinauf. Oben angekommen, trennen sie sich, gleiten über die Schulterblätter hinunter zum Fußboden. An beiden Rumpfseiten ziehen Sie sie dann zurück. Wenn Sie es noch angenehmer machen wollen, ziehen Sie mit den Fingerspitzen beim Auseinandergehen der Hände die Konturen der Schulterblätter nach. Drücken Sie ruhig fest auf.

Diese Hauptübung wird insgesamt vier- bis sechsmal ausgeführt und kann auch zwischen anderen Übungen wiederholt werden.

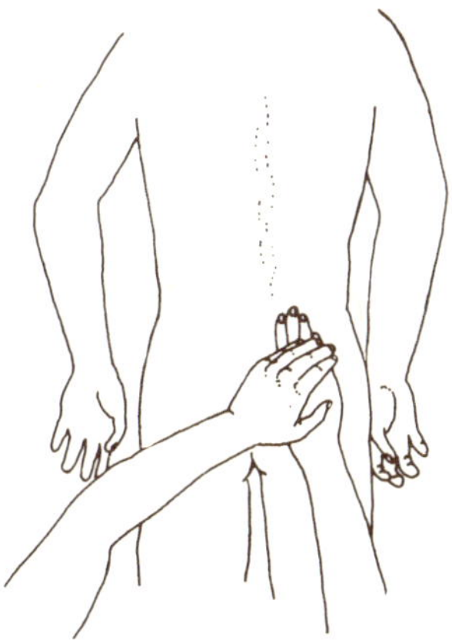

2 Jetzt stellen Sie sich an eine Seite des Tisches neben Ihren Partner. Wenn Sie auf dem Boden arbeiten und gerade rittlings über seinen Oberschenkeln hocken, brauchen Sie diese Stellung gar nicht zu wechseln. Legen Sie die rechte Hand auf den verlängerten Rücken, rechts neben die Wirbelsäule. Die Fingerspitzen liegen in Höhe der Taille und weisen in Richtung Kopf. Die linke Hand kommt mit der Handfläche nach unten auf die rechte. Jetzt beschreiben Sie mit beiden Händen rund um den Hüftknochen einen Kreis. Zuerst folgen Sie der Taillenlinie bis zur Tischplatte, streichen ein Stück über die Hüfte (auf die Füße zu), dann zur rechten Pobacke herauf und von dort zurück zum Ausgangspunkt neben der Wirbelsäule. Legen Sie Ihr ganzes Gewicht auf die Hände und drücken Sie kräftig. Dieses Kreisen wiederholen Sie mindestens viermal. Dann machen Sie das gleiche auf der anderen Seite, fangen wieder an der Taille unmittelbar neben der Wirbelsäule an und lassen Ihre Hände diesmal nach links kreisen. Dies ist eine sehr wichtige Übung, denn bei fast allen Menschen ist gerade die untere Rückenpartie leicht verspannt.

*3 Jetzt massieren Sie mit Ihren Daumen den Rücken etwa in Höhe der Taille. Die Ballen Ihrer Daumen machen im Wechsel kurze schnelle Striche in Richtung Kopf. Lassen Sie die Daumen ein paarmal über dieselbe Stelle streichen. Sie massieren gleich neben der Wirbelsäule knapp unterhalb der Taille auf einem Feld von der Größe einer dicken Pampelmuse.

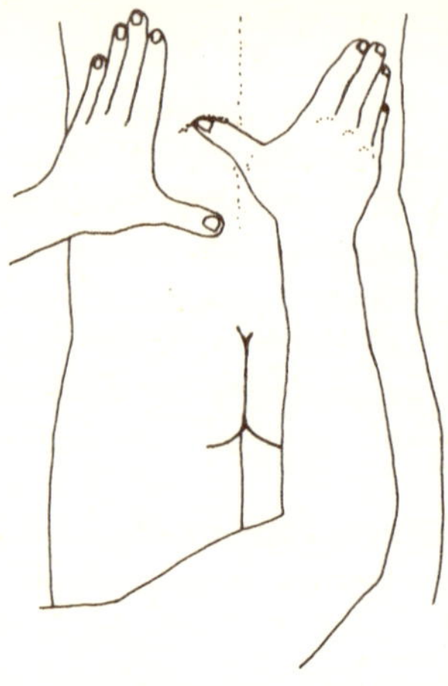

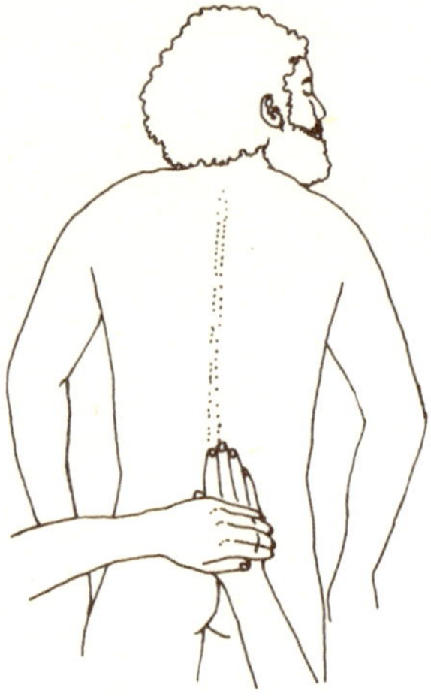

*4 »Das Schaukelpferd.« Dieser Strich wird auf der Wirbelsäule selbst ausgeführt. Sie stehen an der linken Tischseite. Legen Sie Ihre rechte Hand auf das Rückgrat des Partners, den Handballen am unteren Ende der Wirbelsäule, die Finger in Richtung Kopf. Die linke Hand liegt quer über der rechten; die Finger zeigen zur gegenüberliegenden Körperseite. Jetzt gleiten Sie langsam und gerade die Wirbelsäule hinauf. Der Druck soll mäßig und stetig sein.

Wenn Sie oben ankommen, machen Sie sich gleich auf den Weg zurück; das Tempo bleibt das gleiche. Doch beim Hinuntergleiten heben Sie die rechte Hand vom Rückgrat ab und legen die Spitzen des rechten Zeige- und Mittelfingers in die Rinnen neben der Wirbelsäule. Gleiten Sie mit den Fingerspitzen diese Rinnen hinab und drücken Sie dabei, so fest Sie können. Biegen Sie Ihre Finger ganz durch. Streichen Sie noch ein paar Zentimeter über die Wirbelsäule hinaus auf das Gesäß. Hier lassen Sie den Abstand Ihrer Fingerspitzen noch weiter werden. Hier ist noch eine sehr empfehlenswerte Variante dieser Übung. Streichen Sie, wie beschrieben, die Wirbelsäule hinauf. Nehmen Sie dann aber die linke Hand von der rechten, sobald Sie oben ankommen. Wieder streichen Sie mit den Spitzen von Zeige- und Mittelfinger der rechten Hand die beiden Rinnen neben der Wirbelsäule hinunter –

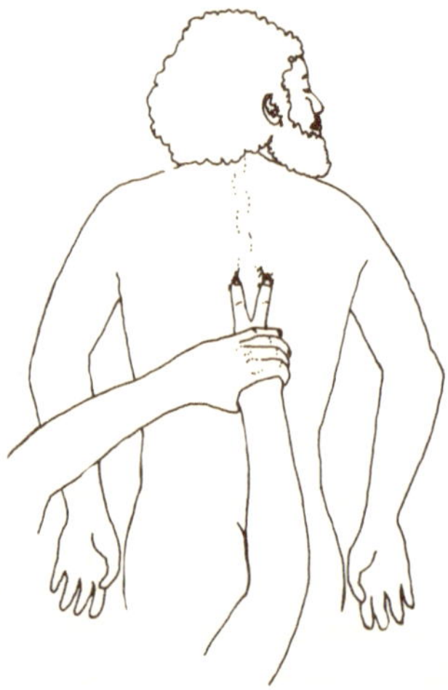

doch diesmal nur etwa 10 Zentimeter weit. Dann nehmen Sie die rechte Hand weg, während die linke mit dem gleichen Strich drei Zentimeter unterhalb des Ausgangspunktes der rechten Hand einsetzt. Zeige- und Mittelfinger der linken Hand fangen schon an zu massieren, kurz bevor die rechte ihren Strich beendet hat, und streichen ebenfalls ca. 10 Zentimeter weit nach unten. Bevor Sie sie wegziehen, setzt wiederum die rechte drei Zentimeter unterhalb des Ausgangspunktes der linken Hand ein; sie macht dann erneut der linken Platz, und so fort. Auf diese Weise arbeiten sich beide Hände im Wechsel die ganze Wirbelsäule hinunter. Ihr Partner wird das als Wogen empfinden, die seinen Rücken wohltuend hinunterfließen. Zwei- oder dreimal spielen Sie so auf der Wirbelsäule Ihres Partners »Schaukelpferd«.

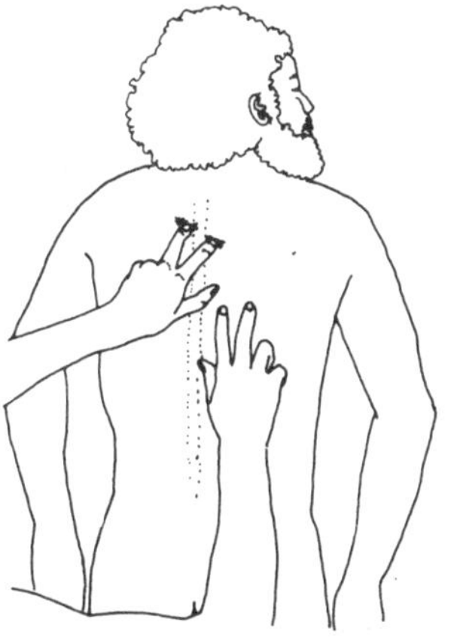

5 Jetzt ziehen Sie Ihre Hände über die Seiten des Rumpfes, wie Sie es schon bei der Massage von Brust und Bauch gelernt haben. Langen Sie über den Tisch zu der Ihnen abgewandten Körperseite. Fangen Sie an der Hüfte an, und arbeiten Sie sich bis zur Achselhöhle hinauf und dann wieder zurück. Ziehen Sie abwechselnd die eine, dann die andere Hand mit den Fingerspitzen nach unten zu sich herauf. Im Wechsel der Hände kommen Sie dann zu einem langsamen gleichmäßigen Rhythmus.
An beiden Körperseiten streichen Sie auf diese Weise einmal hinauf und wieder herunter.

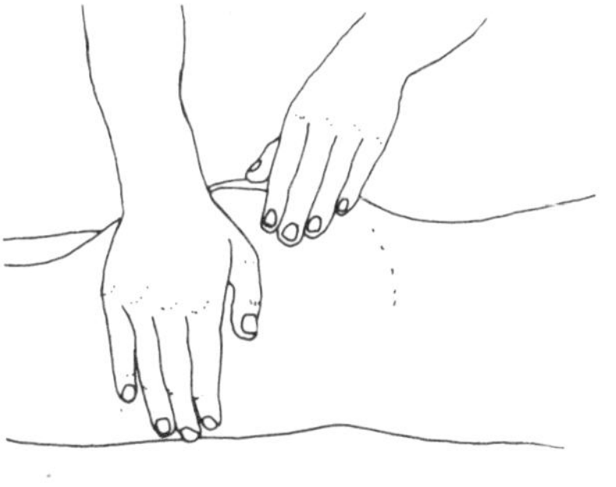

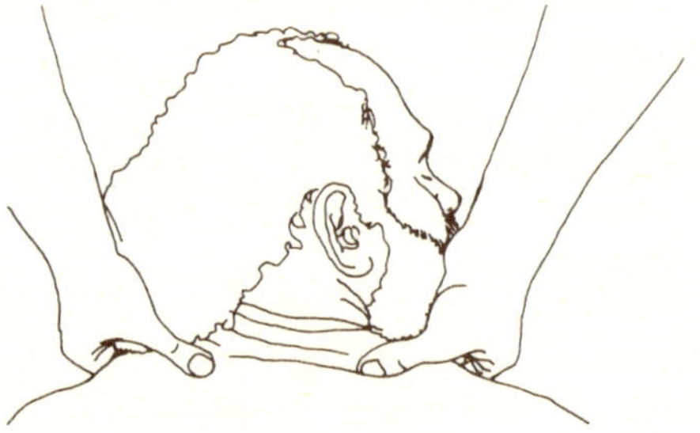

6 Jetzt wenden Sie sich der oberen Rückenpartie zu, eine weitere Zone, die häufig verkrampft ist. Zuerst kneten Sie die Muskeln, die sich vom Nacken zu den Schultern hinziehen. Mit beiden Händen zugleich arbeiten Sie diese Muskelpartie unter Einsatz von Daumen und Fingern behutsam durch.

7 Jetzt die Schulterblätter. Hier ist eine großartige Übung; doch ohne Massagetisch ist sie nicht einfach. Deshalb können Sie sie, wenn Sie am Boden massieren, ruhig auslassen und sich gleich der nächsten Übung für die obere Rückenpartie zuwenden. Als erstes müssen Sie ein Schulterblatt anheben, damit Sie besser an die Muskeln herankommen. Sie stehen an der rechten Seite Ihres Partners (wenn Sie am Tisch arbeiten, ist dieser Griff vielleicht im Knien leichter für Sie), nehmen seine rechte Hand und legen sie mit der Handfläche nach oben auf seinen Rücken. Dann heben Sie die Schulter etwas vom Tisch ab, indem Sie Ihren rechten Unterarm mit der Innenseite nach oben darunter schieben. Die Schulter soll nun genau in Ihrer Armbeuge ruhen. Mit Ihrer rechten Hand umfassen Sie den Unterarm Ihres Partners in der Nähe des Ellbogens. (Wenn Sie nicht ganz so weit reichen, macht das auch nichts.) Jetzt hebt sich das Schulterblatt gut heraus, und Sie können mit Ihrer Arbeit anfangen. Der wichtigste Platz für die Massage ist nun eine Rinne, die an drei Seiten (oben, unten und an der der Wirbelsäule zugewandten Seite) um das herausragende Schulterblatt herumläuft. Zuerst streichen die Fingerspitzen Ihrer linken Hand ein paarmal diese Rinne entlang, vor und zurück. Dabei können Sie ruhig kräftig drücken. Starker Druck wird hier als angenehm empfunden.

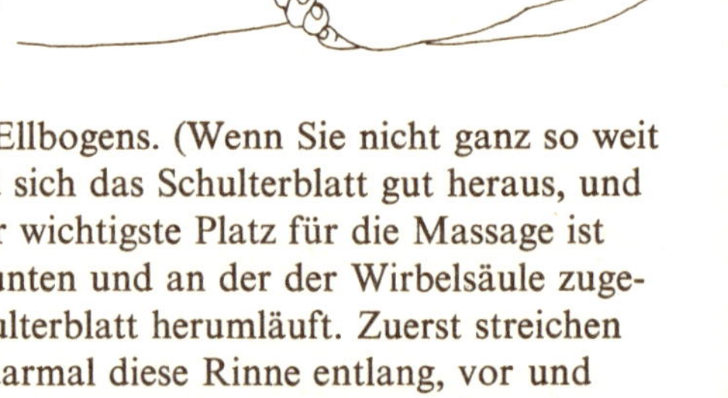

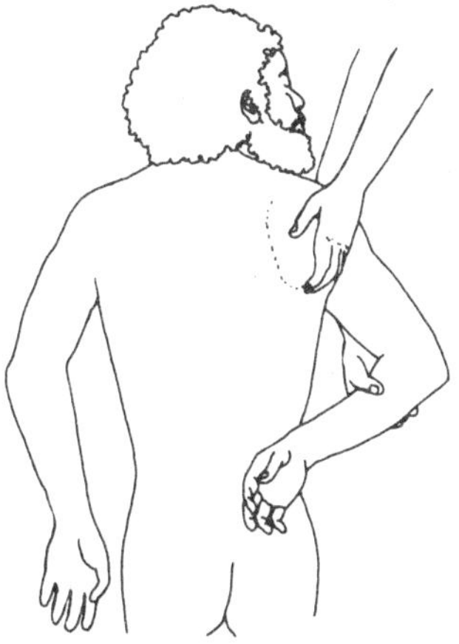

Als nächstes beschreiben Sie mit den Fingerspitzen ganz kleine Kreise und streichen dabei wieder ein paarmal an allen drei Seiten des Schulterblatts entlang. Graben Sie sich richtig in die Rinne ein und massieren Sie sehr langsam. Zum Schluß machen Sie mit der rechten Hand eine Klaue und pressen sie fest auf das Schulterblatt selbst. Jetzt versuchen Sie, die Haut über dem Schulterblatt in Kreisen zu bewegen. Machen Sie diese Kreisbewegung ein paarmal in beiden Richtungen. Dann gleitet Ihre linke Hand leicht den Arm hinunter, legt ihn auf den Tisch zurück; und nun ziehen Sie sanft Ihren rechten Arm unter der Schulter hervor.

Das Ganze wird nun auf der anderen Seite wiederholt.

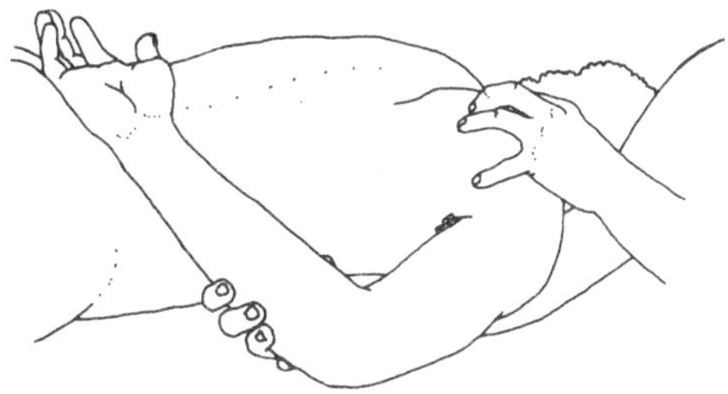

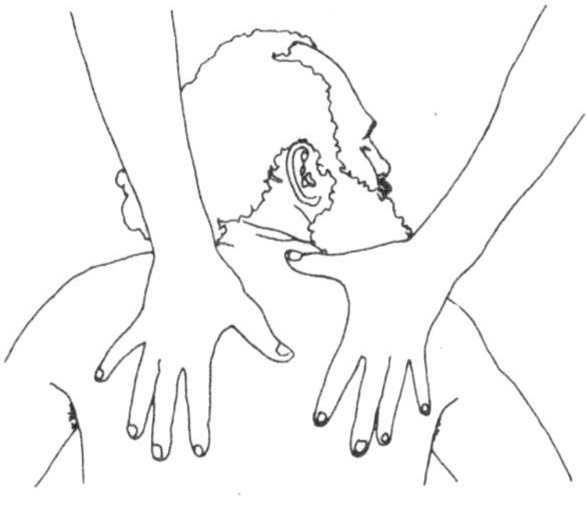

* 8 Sie stehen am Kopfende Ihres Partners. In kurzen, schnellen Strichen bewegen sich Ihre Daumen abwechselnd in Richtung Gesäß. Sparen Sie aber sowohl die Wirbelsäule als auch die Schulterblätter aus. Konzentrieren Sie sich vielmehr auf die Muskeln oberhalb der Schulterblätter und die zwischen Schulterblättern und Wirbelsäule.

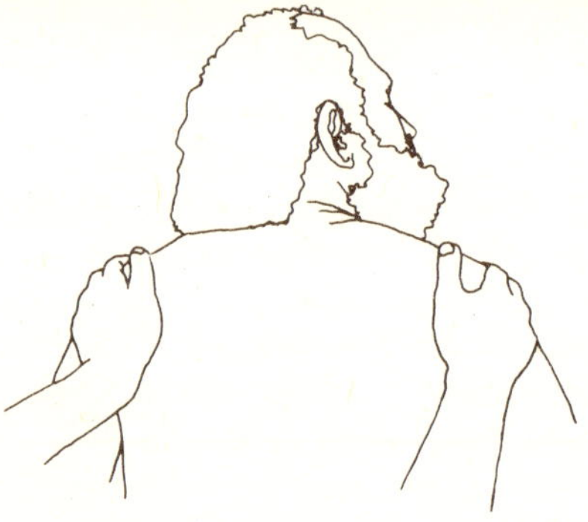

9 Sie stehen an einer Längsseite des Tisches und legen Ihre rechte Hand auf die rechte Schulter, die linke auf die linke Schulter Ihres Partners. Ihre Finger zeigen zur Tischplatte.
Jetzt ziehen Sie langsam beide Hände mit den Handballen voran in Richtung Wirbelsäule. Drücken Sie kräftig bei dieser Bewegung. Kurz bevor Ihre Hände an der Wirbelsäule zusammentreffen, drehen Sie sie nach innen, so daß nun die Finger gegeneinander zeigen. Während dieses Drehens sollen sich die Hände weiterbewegen, die linke Hand nach rechts, die rechte nach links. Diese Bewegung ist erst beendet, wenn die Fingerspitzen gleichzeitig auf beiden Seiten die Tischplatte erreichen. Beide Hände streichen dabei ein wenig nach unten (Richtung Füße), so daß die rechte Hand genau unter der linken Achselhöhle liegt und die linke unter der rechten Achselhöhle.

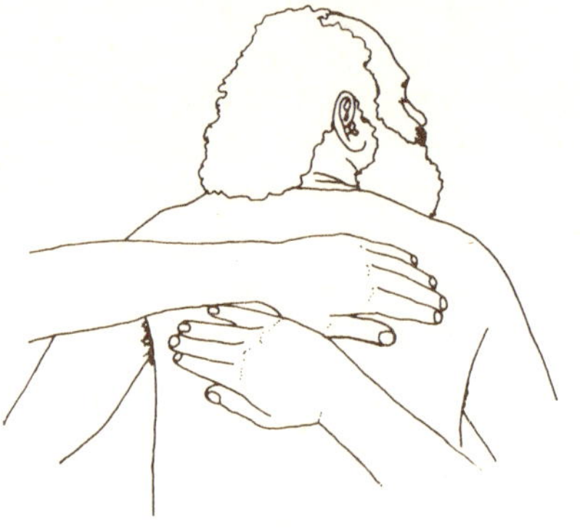

Langsam gleiten die Hände in Richtung Wirbelsäule zurück, wieder mit den Handballen voran. An der Wirbelsäule drehen Sie beide Hände um 180 Grad, so daß die Fingerspitzen nach außen zeigen. Die Finger der rechten Hand streichen nach rechts bis zum Tisch, die der linken Hand nach links. Wieder gleiten beide Hände ein paar Zentimeter an den Körperseiten hinunter. Setzen Sie diese Übung fort, indem Sie sich immer weiter nach unten vorarbeiten. Am Ende der Wirbelsäule angelangt, setzen Sie die Übung in umgekehrter Richtung fort, bis die Hände wieder auf den Schultern liegen. Es genügt, wenn Sie diese Massage von oben nach unten und zurück noch einmal wiederholen.

10 Lassen Sie Ihre Handflächen rasch in horizontalen Streifen quer über den Rücken laufen. Ziehen Sie die rechte Hand zu sich heran, während die linke in Gegenrichtung streicht, und umgekehrt. Die Hände sollen dauernd in schneller Bewegung sein und ständig Kontakt mit der Haut des Partners haben. Dabei muß soviel Reibung wie möglich entstehen. Arbeiten Sie bei dieser Übung nicht an den Körperseiten, das würde die Bewegung zu sehr verlangsamen. Sie fangen also an den Schultern an und arbeiten sich allmählich bis ans Ende der Wirbelsäule und wieder zurück. Einmal den Rücken hinunter und wieder hinauf genügt vollkommen – besonders, da diese Übung, wenn Sie alles richtig machen, auf die Dauer für Sie sehr ermüdend ist.

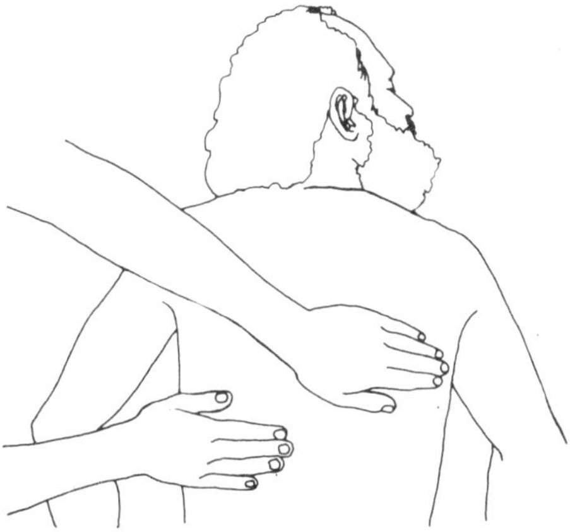

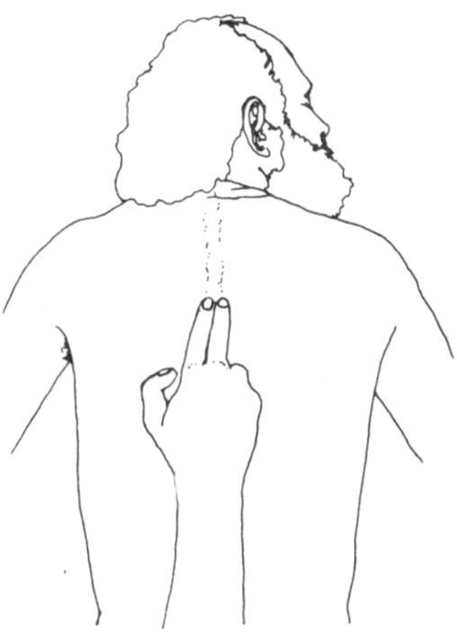

11 Mit Zeige- und Mittelfinger einer Hand ziehen Sie die Wirbelsäule von oben nach unten nach. Fangen Sie dort an, wo der Nacken auf die Schädelbasis trifft. Massieren Sie nur mit den Fingerspitzen. Der Druck soll mäßig, die Bewegung sehr langsam sein, so daß Ihre Finger im Vorübergleiten die Struktur jedes einzelnen Wirbels der Reihe nach erfassen. Das ist schon alles.

12 Beenden Sie die Rückenmassage mit folgender Übung: Sie legen die Innenseite Ihrer Unterarme quer über den Rücken Ihres Partners auf dem halben Weg zwischen Nackenansatz und dem unteren Rand der Pobacken. Lassen Sie Ihre Arme so dicht wie möglich beieinander liegen, und biegen Sie Ihre

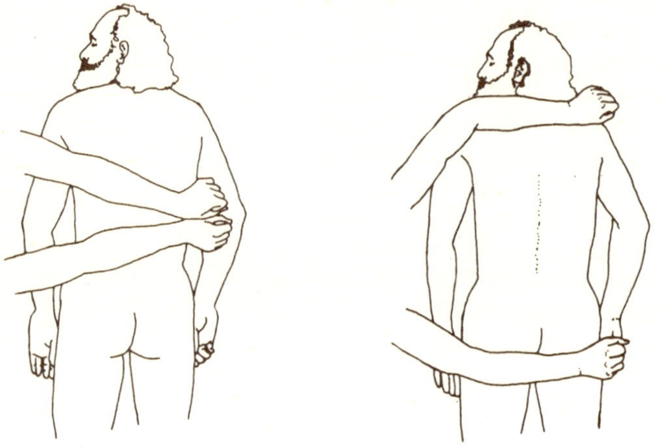

Hände nach hinten, so daß die Haut an der Innenseite der Unterarme ein wenig gespannt ist. Jetzt streichen die Arme langsam auseinander und üben dabei kräftigen Druck aus. Mit gleichmäßigem Tempo bewegen sie sich über den Rücken, bis der eine Arm den Nacken erreicht und der andere das Gesäß passiert hat. Dann heben Sie die Unterarme ab und bringen sie wieder an die Ausgangsposition, um diese Massage zu wiederholen.

Nach zweimaligem Streichen über die Rückenmitte strecken Sie die Unterarme weit hinüber und wiederholen die Übung auf der Ihnen gegenüberliegenden Seite des Rückens. Dann folgt das gleiche auf der Ihnen zugewandten Seite des Rückens. Schließlich setzen Sie noch einmal mitten auf dem Rücken an. Doch diesmal bilden die Arme einen Winkel mit der Wirbelsäule, und Sie machen einen Diagonalstrich über den Rücken, wobei der eine Unterarm an der Ihnen zugewandten Schulter und der andere an der Ihnen abgewandten Pobacke ankommt. Ein zweiter Diagonalstrich beendet die Übung. Diesmal endet ein Unterarm an der Ihnen abgewandten Schulter, der andere an der Gesäßhälfte, die Ihnen näher ist. Eine herrliche Übung. Sie ist für den Abschluß der Rückenmassage besonders gut geeignet.

Der ganze Körper

Am besten beenden Sie die Massage mit einigen Übungen, die über die ganze Länge des Körpers reichen. Erstens werden sie Ihnen besonderen Spaß machen, und zweitens wird Ihr Partner sich seines Körpers in seiner Ganzheit stärker bewußt.

1 Hier ist noch einmal das »Harken« wie in Übung 7 bei der Rückseite des Beins. Dabei fahren die Hände in ständigem Wechsel mit kurzen Strichen den Rücken, das Gesäß und ein Bein hinunter bis zur Ferse. Dann setzen Sie wieder oben an und »harken« diesmal das andere Bein herab.

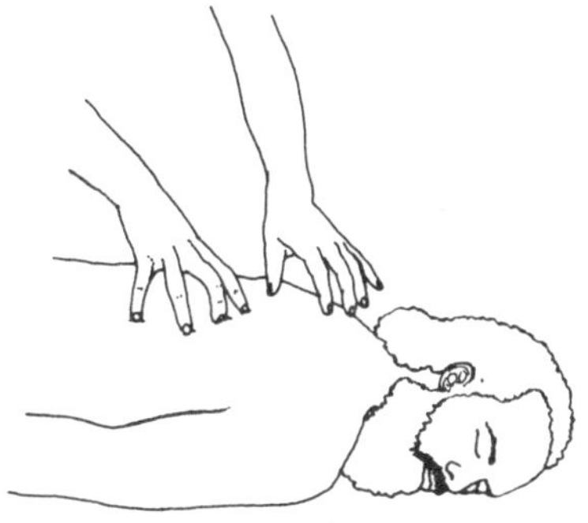

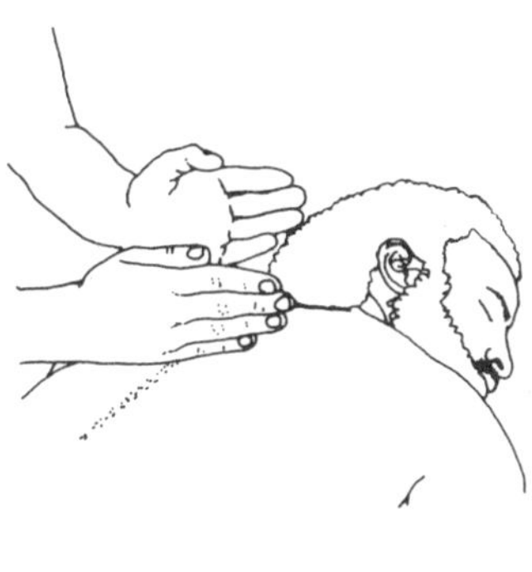

2 Das »Hacken« ist wohltuender, als der Name es vermuten lassen könnte. Trommeln Sie mit den Handkanten leicht, aber schnell gegen die Wirbelsäule. Fangen Sie am Nacken an, und arbeiten Sie sich hinunter. Der Weg geht bei gleichmäßigem Tempo ein Bein hinunter bis zum Fuß. Dann trommeln Sie auf dem gleichen Weg zurück und wiederholen das Ganze, diesmal aber das andere Bein hinunter, und wieder zurück zum Nacken.

3 Nun streichen Sie mit beiden Händen das eine Bein hinauf wie bei der Übung 1 für die Rückseite des Beins. Diesmal aber trennen sich die Hände nicht am Oberschenkel, sondern gehen ohne Pause über das Gesäß und an der einen Seite des Rückens hinauf. Erst wenn Sie oben an einem Schulterblatt angekommen sind, gehen die Hände auseinander. Dann führen Sie sie, die Handballen voran, an der einen Körperseite und dann an der Außen- und Innenseite eines Beins entlang bis zum Fußgelenk. Kommen Sie bitte nicht in den Bereich der Wirbelsäule. Wiederholen Sie diese Übung noch ein- oder zweimal, gehen dann um den Tisch herum und machen das gleiche an der anderen Körperhälfte.

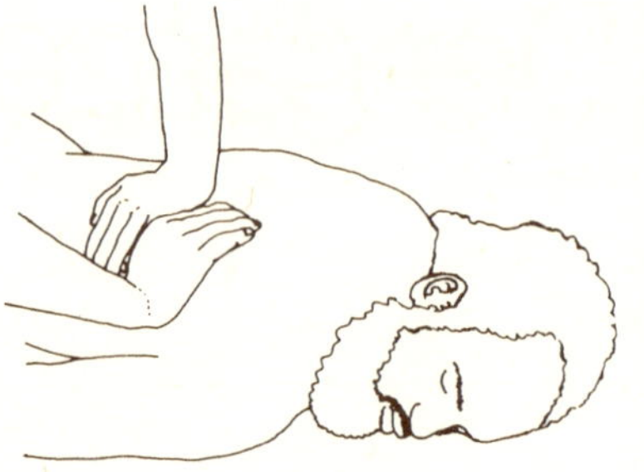

4 Diese Übung nennt sich »Bärengang«. Ich habe gehört, daß bis heute in einigen abgelegenen kleinen Dörfern in Osteuropa ein abgerichteter Bär für ein paar Münzen die Originaltechnik an Interessenten demonstriert.

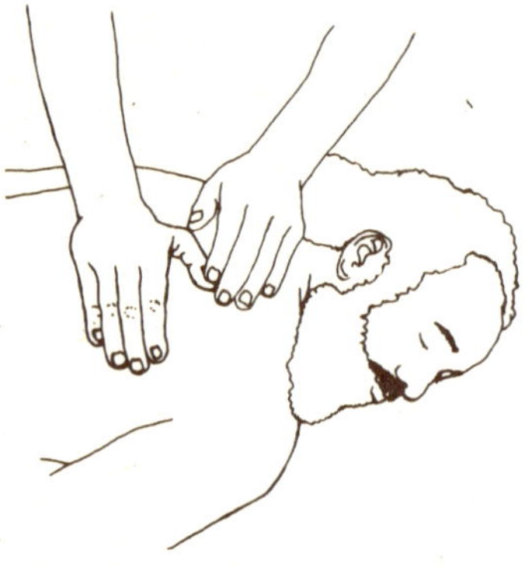

Reichen Sie über den Tisch zu der von Ihnen weiter entfernten Seite Ihres Partners und pressen Sie eine Handfläche gegen den oberen Teil des Schulterblattes. Ihr Handballen liegt dabei etwa an der Wirbelsäule. Drücken Sie ganz fest und setzen Sie, so weit es geht, Ihr Körpergewicht mit ein. Dann pressen Sie die zweite Hand ebenfalls auf den Rücken unmittelbar unterhalb der ersten. Nun greifen Sie mit der ersten Hand über die zweite und legen sie unter starkem Druck neben sie; Ihre Arme überkreuzen sich. Dann kommt wieder die zweite neben die erste; und so arbeiten Sie sich mit den Händen den Körper hinunter. Immer beginnt die eine Hand zu drücken, wenn die andere gerade den Druck lockert. So stampft der Bär den ganzen Rücken hinunter, über das Gesäß und ein Bein bis zum Fuß. Sie wechseln nun zur anderen Tischseite hinüber und vollführen den »Bärengang« auf dem anderen Bein von unten nach oben über das Gesäß und auf der anderen Seite der Wirbelsäule den Rücken hinauf. Pressen Sie bei jedem Griff so fest, Sie können, nur in den Kniekehlen nicht gar so stark.

5 Wenn Sie Daumen und Zeigefinger einer Hand so weit wie möglich auseinanderspreizen, wird die Haut dazwischen straff gespannt. Und damit haben Sie ein vielseitiges Instrument für Ihre Massage. Stellen Sie sich an die linke Seite Ihres Partners. Streichen Sie mit gespreiztem Daumen und Zeigefinger Ihrer rechten Hand das ganze Bein hinauf, über das Gesäß und die linke Seite des Rückens. Drücken Sie fest, und bewegen Sie Ihre Hand rasch weiter. Über die Kniekehle streichen Sie ohne großen Druck. Wenn Sie am Schulterblatt angekommen sind, setzen die gespreizten Daumen und Zeigefinger der *linken* Hand ein und massieren auf dem gleichen Weg hinunter. Dann streicht wieder die rechte Hand über die ganze Länge des Körpers von unten nach oben, die linke wieder hinunter usw.

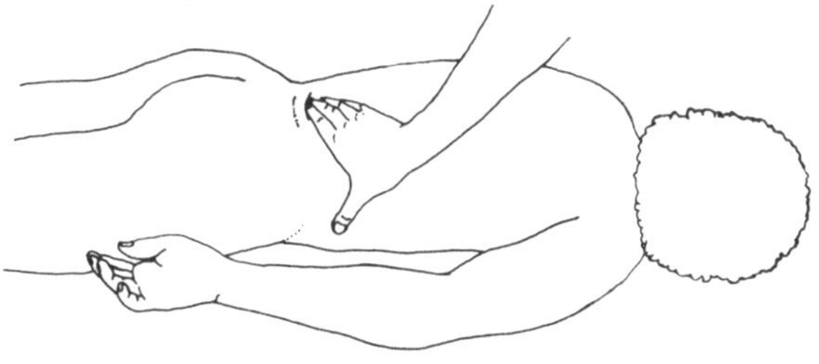

Wenn Sie in einem weiten Grätschschritt stehen (oder bei der Bodenmassage Ihre Knie so weit wie möglich gespreizt sind), können Sie Ihren ganzen Körper der Bewegung Ihrer Hände entsprechend hin- und herwiegen. Gehen Sie ungefähr ein halbes Dutzend mal rauf und runter. Und dann wiederholen Sie das Ganze an der anderen Seite.

6 Jetzt probieren Sie die Hauptübung (Übung 1 der Rückenmassage) noch einmal, indem Sie an den Beinen beginnen. Stellen Sie sich ans Fußende und lehnen Sie Ihren Oberkörper ein wenig über den Tisch. Ihre rechte Hand umgreift die rechte Wade oberhalb der Ferse: die Finger zeigen nach innen. Die linke Hand umgreift entsprechend die linke Wade. Jetzt gleiten beide Hände die Beine hinauf, über das Gesäß bis zum Nacken. Wenn nötig, verändern Sie Ihre Stellung ein wenig. Auf dem Rückweg ziehen Sie die Hände an beiden Körperseiten über die Hüften an den Außenseiten der Beine herunter. Die Bewegung soll ruhig und ausgeglichen sein. Üben Sie bitte mit beiden Händen gleichmäßig Druck aus. Machen Sie diese Übung mindestens dreimal.

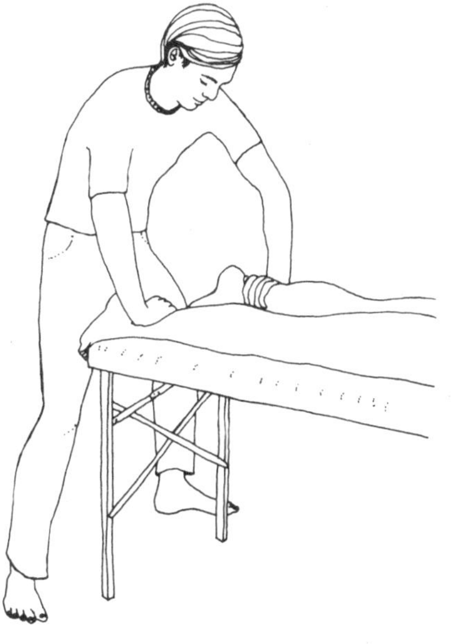

Sie ist übrigens auf dem Fußboden viel leichter durchzuführen. Hier brauchen Sie nämlich nur zwischen den Beinen Ihres Partners zu knien, und dann ist alles sehr viel einfacher. Wenn ich übrigens gut in Form bin und nicht das Gefühl habe, meinen Partner damit zu stören, klettere ich hin und wieder auf meinen Massagetisch und kann dann diese Übung viel leichter im richtigen Tempo und mit völlig gleichmäßigem Druck ausführen.

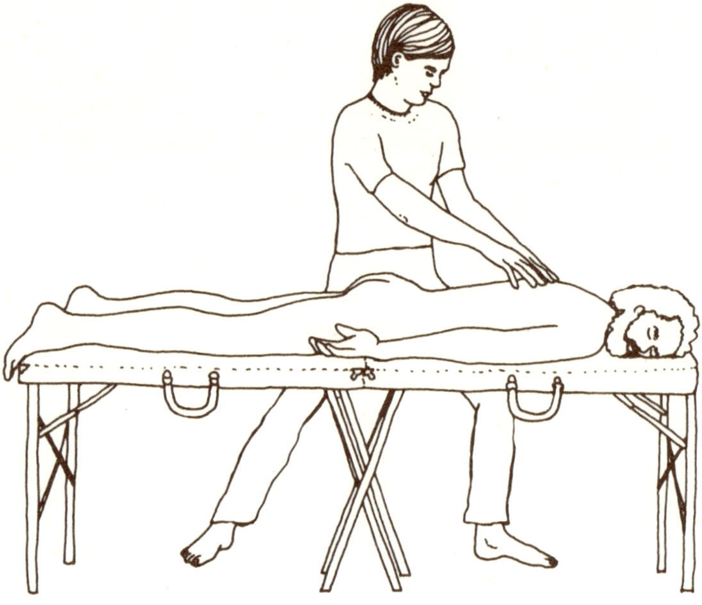

* 7 Anschließend machen Sie gleichzeitig mit beiden Händen ein paar federleichte Striche vom Kopf und Nacken bis zu den Füßen. Sie nehmen nur die Fingerspitzen dazu und gleiten so leicht über den ganzen Körper, daß Sie die Hautoberfläche gerade noch berühren. Zur Abwechslung können Sie auch einmal Ihre Fingernägel einsetzen. Wenn Sie die Finger ein wenig krümmen, lassen sich auch sehr kurz geschnittene Nägel ins Spiel bringen. Doch vor Abschluß der Massage kommen Sie noch einmal auf die federleichten Striche mit den Fingerspitzen zurück.

Ihre Bewegungen sollen ganz weich, langsam und zart sein. Denn inzwischen ist Ihr Partner sicher schon so entspannt, daß ihn auch die leiseste Berührung bereichert und erfüllt.

8 Machen Sie den Abschluß der ganzen Massage sehr sorgsam. Denn er hinterläßt einen nachhaltigen Eindruck.
Eine Möglichkeit: Machen Sie einen letzten federleichten Strich über die ganze Länge des Körpers und brechen die Massage dann bei den Füßen ab.
Eine andere Möglichkeit: Lassen Sie Ihre Hände an den Armen des Partners heruntergleiten und legen Sie dann für einen Augenblick Ihre Handflächen auf seine, bevor Sie Schluß machen.
Eine dritte Möglichkeit: Ihr Partner dreht sich um. Sie massieren noch einmal das Gesicht und lassen Ihre Handflächen einen Moment lang auf der Stirn liegen. Das ist besonders angenehm, wenn Sie die Massage auch mit dieser Übung eingeleitet haben.
Nach Abschluß der Massage lassen Sie Ihren Partner wenigstens ein paar Minuten lang ungestört. Seien Sie ganz leise. Decken Sie ihn zu, wenn Sie glauben, es könnte zu kalt sein. (Denken Sie daran, daß einem das Zimmer um 1–2 Grad Celsius kälter erscheint, wenn man einen Ölfilm auf der Haut hat.) Falls Sie selbst das Bedürfnis haben, sich am Ende dieser Massage ein wenig auf sich selbst zu besinnen, so ist dies die beste Gelegenheit dazu.

Anregungen für Fortgeschrittene

In welcher Reihenfolge massieren Sie die einzelnen Körperteile?

Kann man nun wirklich eine bestimmte Reihenfolge bei der Ganzmassage empfehlen? Wenn Sie fünf verschiedene Masseure oder Masseusen danach fragen, werden Sie fünf verschiedene Antworten bekommen. Ich selbst bin nach vielem Experimentieren mit dieser oder jener Reihenfolge zu dem Ergebnis gekommen, daß sich keine Empfehlung geben läßt. Der einzige Rat, den ich erteilen möchte, ist, daß Sie die Reihenfolge, zu der Sie sich entschlossen haben, so oft wie möglich variieren sollten. Dann werden Sie und Ihre Partner die Massage auch niemals als langweilig empfinden.

Welche Möglichkeiten haben Sie also?

Wichtigste Frage ist natürlich: Wo fange ich an? Ich selbst beginne gern mit dem Kopf. Warum, habe ich bei den Anleitungen zur Kopfmassage schon erwähnt. Nicht schlecht ist es aber auch, mit dem Bauch anzufangen. Schließlich ist es physisch und psychisch der Mittelpunkt des Körpers. Auch die Füße eignen sich für den Start. Denn sie sind Körperteile, zu denen viele von uns nur eine indifferente Beziehung haben. Aber auch der Rücken bietet sich an.

Ich fange immer dann mit dem Rücken an, wenn mir mein Partner etwas unsicher oder zu wenig gelöst ist. Wie beim Kopf, an den Händen und Füßen nehmen die meisten Menschen auch bei der Rückenmassage die Berührung durch einen andern eher in Kauf als bei anderen Körperteilen. Zudem bietet sich hier eine besonders große Fläche, die ideal ist für einige wirkungsvolle Übungen. Wenn Sie also auf dem Rücken anfangen, können Sie ein gutes Stück Spannung eines nervösen Partners abbauen. Denn wenn er am Anfang eine angenehme Erfahrung macht, ist er später auch bei der Massage anderer Körperteile nicht mehr schamhaft berührt oder fühlt sich gar verletzt. Wenn ein solches Problem *während* der Massage auftaucht, wende ich mich sofort dem Rücken meines Partners zu. Sobald ich das Gefühl habe, mein Partner wird durch die Massage irgendwie irritiert, breche ich ab und beginne, auf dem Rücken zu arbeiten, auch wenn ich ihn erst bitten muß, sich umzudrehen. Nach einigen Griffen auf dem Rücken kann ich dann ruhig zu dem Körperteil zurückkehren, an dem ich die Massage unterbrochen habe. Fast immer ist damit das Problem gelöst.

Auch habe ich es mir bei der Festlegung der Reihenfolge zur Gewohnheit gemacht, nach einem Körperteil immer den angrenzenden zu massieren, etwa nach dem linken Arm erst die linke Hand usw. Das ist auch für den Partner leicht einzusehen. Damit soll aber nicht gesagt sein, daß Sie sich ebenfalls an diese Regel halten müßten. Auch ich weiche ab und zu davon ab. So massiere ich z. B. manchmal (zu meiner eigenen wie zur Abwechslung eines Partners, den ich schon oft massiert habe) als erstes beide Füße und Hände.
Irgendwie einleuchtender aber ist es jedoch für beide, wenn man zuerst eine Körperseite fertig massiert, bevor man zur andern übergeht. Doch auch hier gibt es Ausnahmen. Ich beende eine Massage gern, indem ich einen oder mehrere Körperteile noch ein zweites Mal behandle. Angenommen, ich habe im großen und ganzen die im Übungsteil des Buches vorgeschlagene Reihenfolge eingehalten: Dann könnte ich etwa am Ende meinen Partner bitten, sich wieder auf den Rücken zu legen, und massiere nun sein Gesicht noch einmal. Ein besonders reizvoller Abschluß. Ich könnte aber auch ein paar Striche über die ganze Vorderseite des Körpers machen.
Nach welchen Gesichtspunkten sollte die Reihenfolge der Griffe an den einzelnen Körperteilen festgelegt werden? Auch da gibt es keine festen Regeln. Aber es ist besonders angenehm, wenn Sie am Anfang wie am Ende der Massage eines Körperteils eine umfassende Übung wählen. Am Bein etwa sollten Sie mit der Hauptübung anfangen und aufhören. Wenn Sie eine Körperregion in mehrere Zonen aufteilen – etwa Unterschenkel, Knie und Oberschenkel –, ist es für Ihren Partner am schönsten, wenn Sie systematisch immer die jeweils angrenzende Zone massieren, statt blindlings hierhin und dahin zu springen.
Auch das Prinzip, zuerst einen Körperteil vollständig zu massieren und dann zum nächsten überzugehen, ist nicht ohne Willkür. Sicher, die meisten Leute, auch Berufsmasseure, arbeiten so. Aber es ist doch nicht die einzige Möglichkeit. Und ich komme mehr und mehr zu der Überzeugung, daß es auch nicht unbedingt die beste Methode ist. Am Anfang, wenn Sie sich noch etwas unsicher fühlen, ist es besser für Sie, einen Körperteil nach dem andern zu massieren. Wenn Sie dann aber ein bißchen weiter sind, könnten Sie versuchen, einmal eine Massage zu geben, bei der Sie von einem Körperteil zum anderen mit ganz unterschiedlichen Griffen springen. Sie schieben etwa nach einer Übung am Bein einen Übungsteil am Bauch und an der Brust ein, und von dort gehen Sie zum Arm, zum Nacken, zurück zur Brust und so fort. Wenn Sie das fertigbringen, ohne daß der Fluß der Bewegung verlorengeht, werden Sie und Ihr Partner ein tiefes Wohlbehagen verspüren.
Zusammenfassend können wir feststellen, daß die einzig »richtige« Reihenfolge immer die ist, die der Situation angemessen scheint. Versuchen Sie möglichst nie, zweimal die gleiche Massage zu machen.

Nervosität, Unbehagen und Kitzligkeit

Übersteigerte Nervosität, körperliches Unbehagen und Kitzligkeit können Hindernisse auf dem Weg zu einer guten Massage sein. Manchmal sind diese Hindernisse einfach unüberwindlich. Meistens aber lassen sich Wege finden, auf denen man sie umgehen kann. Hier ein paar Mittel und Gegenmaßnahmen, die Sie zur Hand haben sollten.

Nervosität während der Massage tritt in vielen Formen auf. Die meisten Menschen, die sich massieren lassen wollen, sind zum Glück nicht davon geplagt. Aber einige gibt es doch; und sie werden meist angesichts ihres eigenen nackten Körpers nervös. Glücklicherweise ist damit relativ leicht fertig zu werden. Das einfachste ist, wenn Sie Ihrem Partner in der Bauchlage ein Handtuch auf das Gesäß legen, in der Rückenlage auf die Genitalien. Ein zweites Tuch bedeckt im Bedarfsfall die weibliche Brust. Nacktheit ist dann nicht mehr sinnvoll, wenn als Folge davon ein Partner so verspannt ist, daß er die ganze Massage nicht genießen kann.

Eine andere Ursache der Nervosität ist ein ausgeprägtes Unbehagen, angefaßt zu werden. Diese Angst, die gelegentlich mit der Furcht vor der Nacktheit ineinandergeht, ist ganz anderen Ursprungs als diese und hat andere Wurzeln in der Persönlichkeit. Mit ihr läßt sich auch schwerer fertig werden. Sie äußert sich entweder in einer extremen Verhärtung und Anspannung des Körpers bei der Berührung oder in heftigem Zittern und manchmal sogar in einer offenen Weigerung, sich weiter massieren zu lassen.

Wenn Ihr Partner mit einer solchen Nervosität reagiert, ist nicht viel zu machen. Eine Möglichkeit, die ich schon erwähnt habe, ist, die Massage an einem Körperteil sofort abzubrechen und den Rücken zu massieren. Die Rückenmassage hat, wie gesagt, eine besonders beruhigende Wirkung.

Viele andere seelische Spannungen, das möchte ich hier noch hinzufügen, können bei einer guten Massage gelöst werden, z.B. depressive Anwandlungen. Ihrem Partner kommen, ohne daß er es will, die Tränen, oder er hat das Bedürfnis zu weinen. Wenn Sie das bemerken, unterbrechen Sie die Massage und reden ihm zu, sich auszuweinen, wenn ihm danach ist. Meist wünscht er dann nach ein paar

Minuten die Fortsetzung der Massage und empfindet sie nun vielleicht als besonders beruhigend und besänftigend.
Ein anderes Phänomen ist zwar seltener, tritt aber doch hin und wieder auf: das unwillkürliche Zittern. Ein plötzliches Vibrieren oder sogar ein Schütteln des Körpers, das einige Minuten lang dauern kann. Das wird durch plötzliches Freisetzen der Körperenergie, die in den gespannten Muskeln und im Bindegewebe angestaut war, bewirkt. Meist tritt es in der Bauchgegend und in den Oberschenkeln auf. Anders als das nervöse und erregte Zittern am Anfang einer Massage ist diese Vibration für die körperliche und seelische Entspannung sehr nützlich und sollte als ein Teil der Massage betrachtet werden. Sie sollten Ihren Partner geradezu ermutigen, dieses Vibrieren über sich ergehen zu lassen, es zu genießen und nicht etwa erschrocken darüber zu sein; er sollte es sich ruhig über den ganzen Körper ausbreiten lassen. Ihre Hand liegt dabei an der Schulter, am Nacken oder am Kopf des Partners, während Sie mit der andern langsam und sehr sanft (ohne jeden Druck) die Körperteile massieren, die vom Zittern befallen sind. Helfen Sie seinem Körper, dieses Zittern zu bewahren. Je länger es dauert, desto größer ist die Entspannung. Wenn es dann abklingt, spürt er ein wunderbares Gefühl der Ruhe und fühlt sich zugleich erfrischt. Dieses Gefühl hält vielleicht sogar einige Tage an.
Körperliches Unbehagen während der Massage sollte ausgeschaltet werden, da es eine Massage praktisch nutzlos macht. In einem solchen Fall gibt es meist nur zwei Möglichkeiten: Ändern Sie die Lage oder die Unterlage Ihres Partners. Eine schwangere Frau z. B. (die übrigens aus einer Massage mehr als das normale körperliche Wohlbehagen mitnimmt), legt sich, da sie nicht auf dem Bauch liegen kann, auf die Seite, wenn ihr Rücken massiert wird. Es kann sein, daß Ihrem Partner der Nacken weh tut, wenn er in der Bauchlage den Kopf zur Seite dreht. Er bekommt dann ein Kissen unter Kopf und Brust und braucht den Kopf nur noch wenig oder überhaupt nicht mehr zu drehen. Für andere Probleme dieser Art gibt es ähnlich einfache Lösungen; Kissen können hier sehr oft Abhilfe schaffen.
Und schließlich die Kitzligkeit, sie ist Gift für jede Massage. Meist tritt sie auf, wenn Sie die Füße massieren oder auch den Bauch oder die Körperseiten. Es kommen aber auch alle anderen Regionen in Frage. Das einzige Mittel dagegen ist starker Druck. Pressen Sie so hart, daß Sie fast an dem Punkt sind, wo Sie Ihrem Partner weh tun – dann läßt das Kitzeln meist nach. Wenn nicht, gehen Sie mit einem schnellen Strich über diesen Bereich weg und machen an anderer Stelle weiter. Vielleicht versuchen Sie es später noch einmal dort.

Erfinden Sie Ihre eigenen Übungen

Es ist gar nicht schwer, sich selbst neue Übungen auszudenken. Je öfter Sie massieren, desto leichter wird es Ihnen fallen. Dabei können Sie feststellen, wieviel Phantasie Ihre Hände haben. Das Geheimnis ist, wie man lernt, diese Phantasie zu verwirklichen. Die einfachste und unmittelbarste Methode, neue Möglichkeiten zu entdecken, ist, daß Sie hin und wieder im vorgesehenen Programm innehalten und die weitere Massage ganz Ihren Händen überlassen. Ihre Hände und nicht Ihr Kopf sollen jetzt den Ton angeben. Dazu müssen sie soviel Freiheit wie möglich haben. Glauben Sie mir, Sie werden oft Überraschungen erleben.

Doch Sie können auch auf andere Weise experimentieren und dabei Neues entdecken. So läßt sich beispielsweise diese oder jene Übung auch auf andere Körperteile übertragen. Das ist manchmal möglich – meistens mit einigen Varianten –, manchmal auch nicht. Ob es nun funktioniert oder nicht, Ihre Hände lernen auf jeden Fall etwas dabei.

Sie können auch versuchen, Möglichkeiten zu finden, angrenzende Körperteile mit einem einzigen fortlaufenden Strich zu bearbeiten. So können Sie etwa einen Strich erfinden, der sowohl die Rückseite des Beins wie die untere Rückenpartie umfaßt. Anfangs werden Sie dazu einfach zwei oder mehr Übungen, die Sie schon kennen, kombinieren. Später, wenn Sie erfahrener sind, werden Sie auf diesem Gebiet immer erfindungsreicher.

Eine zusätzliche Hilfe kann es für Sie sein, mit unterschiedlichen Handbewegungen zu experimentieren. Die meisten im Übungsteil besprochenen Griffe sind aus dem, was man in der klassischen Massagekunde »Effleurage« nennt, abgeleitet; d.h. zur Massage wird die Handfläche benutzt. Aber Sie können an fast allen Körperteilen Ihre Hände auf ganz verschiedene Weise einsetzen. So können Sie folgendes versuchen:

— mit den Daumenballen massieren (wie bei der Massage der Innenseite des Handgelenks; Übung 3 für den Arm)
— die Fingerspitzen mit intensivem Druck in winzigen Kreisen bewegen (wie bei der Brustmassage; Übung 3 für Brust und Bauch)
— kneten (wie am Gesäß; Übung 1)

— harken (wie an der Rückseite des Beins; Übung 7)
— mit den Handballen streichen
— mit der Unterseite Ihrer Fäuste massieren (Übung 1 für Hand und Fuß)
— mit den Fingerspitzen trommeln
— mit der Handkante hacken
— mit den Innenseiten der Unterarme streichen und kreisen (wie beim Rücken; Übung 12)
— leicht mit dem Ellbogen (mit dem flachen Teil, nicht mit der Spitze) pressen
— leicht klatschen (mit der hohlen Hand).

Und vieles andere, das Sie sicher mit der Zeit herausfinden werden.

Ihre Hände sollten die Struktur der Muskeln und Knochen am Körper Ihres Partners deutlich herausarbeiten. Sie sollen gleichsam sagen: Hier liegt das, und dies ist so und so geformt; etwa eine Muskelgruppe, die Krümmung eines Knochens oder sonst etwas. Viel Neues wird Ihnen einfallen, wenn Sie auf diese Weise vorgehen.

Ein weiterer Ratschlag geht in die gleiche Richtung: Lernen Sie ein wenig über Anatomie! Sicher haben Sie gemerkt, daß für die Übungen keine anatomischen Fachkenntnisse erforderlich sind. Aber je mehr Sie über die tieferen physiologischen Strukturen erfahren, desto eher werden Sie in der Lage sein, die vorgeschlagenen Techniken zu verfeinern und selbst neue zu finden. Für den Anfang genügt es, wenn Sie sich mit den Abbildungen in dem Kapitel über Anatomie in diesem Buch vertraut machen.

Neue Griffe sind gar nicht so schwer zu entdecken. Der Schlüssel dazu ist ständiges Experimentieren.

Massage zu dritt

Der Schlüssel für eine – wirklich alles andere übertreffende – Massage zu dritt ist Gleichmaß und Harmonie. Jeder der beiden, die massieren, muß sich sowohl auf den zweiten Masseur wie auf den Massierten einstellen. Andernfalls wäre diese Massage für denjenigen, der auf dem Tisch liegt, nicht interessanter, als wenn er von einem Tintenfisch behandelt würde. Ein guter Anfang ist immer die Hauptübung für Vorder- oder Rückseite der Beine. Der weite, leichte Schwung dieser Übung gibt den beiden Masseuren die Möglichkeit, sich auf die Wellenlänge des andern einzustellen.
Zunächst hält beispielsweise jeder einen Fuß des Partners; eine Hand faßt die Fußsohle und die andere die Oberseite des Fußes. Dann lassen Sie Ihren Atem über die Arme in Ihre Hände dringen (wenn Sie es nicht spüren, versuchen Sie, es sich wenigstens vorzustellen). Die Hände bleiben einen Augenblick ruhig liegen. Die Hauptsache ist, daß Sie Ihre Bewegungen und Ihren Rhythmus so vollkommen wie möglich aufeinander abstimmen. Entweder besprechen Sie vorher, daß einer mit den Griffen etwas vorauseilt und der andere folgt – das ist für Leute mit wenig Erfahrung im Massieren vielleicht das Beste –, oder Sie versuchen, die Hände genau parallel zueinander zu halten; d.h. keiner darf dem andern voraus sein.
Gleichmäßig arbeiten Sie sich die Beine hinauf. Dann trennen sich Ihre Hände oben am Oberschenkel genau zur selben Zeit. Versuchen Sie auf jeden Fall und unter Ausnutzung aller Möglichkeiten (durch die Art, wie Sie stehen und wie Ihre Hände die Beinmuskeln anfassen), einen gleichstarken Druck auszuüben. Der Massierte spürt genau, inwieweit sich die beiden Masseure auf ihn und aufeinander eingestellt haben.

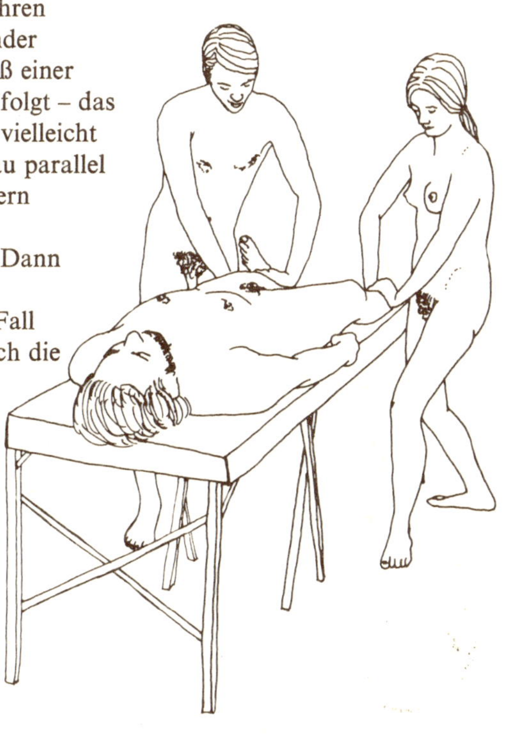

Die Übungen für Arme, Hände, Beine und Füße sind leicht durchzuführen. Für Brust, Bauch, Po und Rücken gibt es jedoch nur wenige Griffe, die zwei Masseure gleichzeitig ausüben können. Kopf und Nacken sollen grundsätzlich nur von einem Partner massiert werden. Es gibt hier nun wieder zwei Möglichkeiten. Entweder macht der eine Masseur erst mal Pause, oder er massiert einen anderen Körperteil. Beide Wege haben Vor- und Nachteile. Sie müssen es untereinander ausprobieren, was Ihnen allen am meisten zusagt. Einige Leute empfinden es z.B. als sehr angenehm, wenn ihnen gleichzeitig Kopf und Füße massiert werden.

Hier sind einige Übungen, die zwei Masseure gleichzeitig und fast symmetrisch am Körper vollführen können:

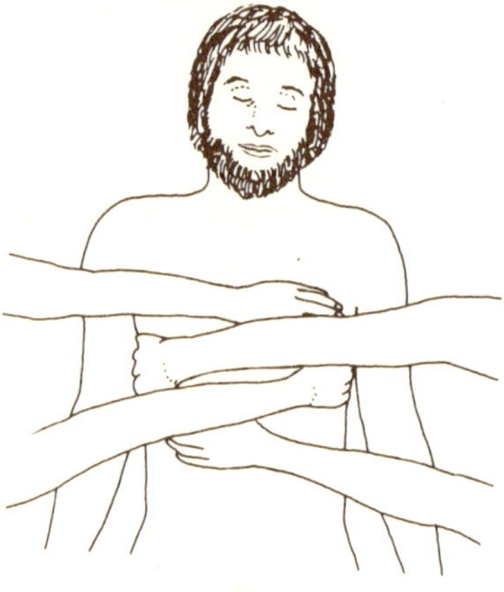

1 So kann z.B. das Ziehen über die Körperseiten (Übung 5 für den Rücken) zu zweit sehr gut ausgeführt werden, sowohl in der Rücken- wie in der Bauchlage des Massierten. Sie stehen sich am Tisch gegenüber und legen beide Ihre Hände auf die von Ihnen entferntere Körperseite. Einer Ihrer Arme liegt zwischen den Armen des Kollegen. Alle vier Arme bleiben dicht nebeneinander – sie können sich berühren oder doch beinahe berühren. Die Striche sollen langsam und gleichmäßig ausgeführt werden.

2 Eine weitere großartige Übung: Einer von Ihnen steht am Kopfende des Tisches und macht die Hauptübung entweder an der Vorder- oder der Rückseite (Übung 1 für Brust und Bauch bzw. Rücken). Der andere steht am Fußende und macht die Hauptübung für die Beine (Übung 6 aus dem Kapitel »Der ganze Körper«); und zwar sollen sich jetzt alle vier Hände zu gleicher Zeit in die gleiche Richtung bewegen. Das heißt, daß einer von Ihnen warten muß und erst einsetzt, wenn der andere mit dem Rückweg beginnt. Während also ein Händepaar an den Seiten des Körpers zur Schulter heraufstreicht, fährt das zweite Paar die Beine hinauf zu den Hüften, und umgekehrt.

3 Eine weitere Übung für Rücken und Gesäß: die »Riesenhand«. Legen Sie Ihre Hände fest ineinander und verklammern Sie sie so, wie es die Abbildung zeigt. Dabei entsteht eine überdimensionale Hand, mit der Sie beide mal hierhin und mal dahin streichen können. Das empfindet Ihr Partner als sehr wohltuend.

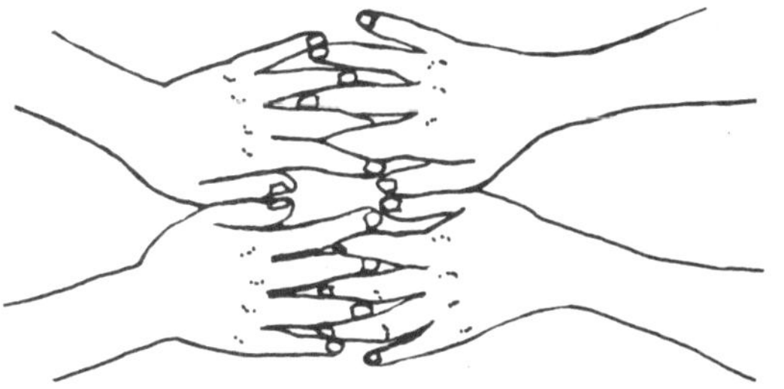

Auch einige andere Übungen im Kapitel »Der ganze Körper« lassen sich von zwei Personen gleichzeitig ausführen. Versuchen Sie z. B. das Harken oder die Hauptübung über das eine Bein und dann den ganzen Rücken hinauf. Probieren Sie auch den »Bärengang«, die Massage mit gespreiztem Daumen und Zeigefinger einer Hand oder die federleichten Striche.

Schließlich lassen Sie beide, nun ohne auf Symmetrie zu achten und ohne bestimmtes Ziel, Ihre Hände auf dem Körper des gemeinsamen Partners herumvagabundieren. Das ist ein ausgezeichneter Abschluß einer solchen Massage.

Machen Sie hin und wieder eine Massage zu dritt. Abgesehen davon, daß es einfach ein Spaß ist, werden Sie dabei auch vielseitiger in Ihrer Technik. Massage zu dritt ist etwas Ähnliches wie Massage mit Musik: Da Sie sich in den Rhythmus eines andern einfühlen müssen, können Sie dabei Ihre Fähigkeiten steigern.

Und noch dies zum Schluß: Wenn ein Paar zusammen einen Dritten massiert, kann das für beide zum besonderen Erlebnis werden. Der Akt gemeinsamer Fürsorge für einen Dritten bei voller Harmonie und Übereinstimmung der beiden, schafft eine Atmosphäre, in der dieses Paar seine Verbundenheit ganz neu und auf besonders eindrucksvolle Weise erlebt.

Massage für Liebende

Wetten, daß Sie dieses Kapitel als erstes aufgeschlagen haben! In diesem Fall wissen Sie natürlich noch nicht viel vom Massieren und wollen es vielleicht gar nicht glauben, wenn ich behaupte, daß zwischen der normalen und der erotischen Massage schon ein gewisser Unterschied besteht. Je öfter Sie massiert haben oder selbst massiert wurden, desto deutlicher werden Sie diesen Unterschied spüren.
Die eine soll den Körper zur Ruhe bringen, die andere ihn erregen. Natürlich ist die normale gegenseitige Massage zwischen Sexualpartnern (also Ehepaaren oder anderen Lebensgemeinschaften) immer eine besonders schöne Sache. Die Massage vermag hier die sexuelle Kraft physisch und psychisch zu steigern. Einem Paar, das sexuelle Schwierigkeiten hat, kann sie fehlendes gegenseitiges Vertrauen wiedergeben und Entspannung bieten. Und wenn das Sexualleben in Ordnung ist, kann die Massage immer noch eine Bereicherung der Zärtlichkeiten und Liebesbeweise bewirken.
Der Schlüssel zur erotischen Massage ist keineswegs, wie mancher vielleicht annimmt, die detaillierte Bearbeitung der Genitalien des Partners. Natürlich ist auch das aufreizend und immer Teil der erotischen Massage – aber wirklich nur ein Teil.
Im Brennpunkt dieser Massage steht etwas anderes: Alle Energien werden geweckt, und der ganze Körper soll erotisiert werden. Allein dieses Erlebnis gibt der sexuellen Begegnung eine ganz neue Qualität, die mehr ist als gesteigertes Lustgefühl.
Die erotische Massage muß allmählich, von einem Stadium zum nächsten, gesteigert werden. Die Übergänge sind fließend, und das Ganze braucht sich natürlich nicht in der hier beschriebenen Reihenfolge abzuspielen. Wichtig ist nur, daß keine Stufe ausgelassen wird und daß Sie ohne Eile vorgehen.
Begonnen wird mit einer ganz normalen Massage. Sie behandeln Ihren Partner zuerst genauso, wie Sie es bisher gelernt haben. Das braucht nicht allzuviel Zeit zu kosten, doch muß jeder Körperteil damit erreicht werden. Als nächstes gleiten Sie mit federleichten Strichen Ihrer Fingerspitzen über den ganzen Körper. Das war ja übrigens auch schon mein Rat für den Abschluß der normalen Massage. Beim erotischen Massieren muß das sanfte Streichen länger dauern, zehn- oder zwanzig-

mal so lange. Damit steigern Sie die sexuelle Empfindungsfähigkeit des ganzen Körpers. Sie brauchen sich übrigens das Streichen nicht für das Ende der regulären Massage aufzuheben. Es läßt sich auch zwischendurch immer wieder einschieben.
Als nächstes konzentrieren Sie sich vor allem auf die Körperregionen, die – außer den Genitalien – besonders leicht erregbar sind, also die Beckengegend und die anschließenden Partien, den Bauch, die Innenseite der Schenkel, das Gesäß, die untere Rückenpartie und die Brüste. Aber schenken Sie auch anderen Körperteilen Aufmerksamkeit – den Ohren, den Lippen, dem Nacken, den Handflächen, den Armbeugen, den Achselhöhlen, den Fußsohlen, den großen Zehen und den Kniekehlen – also allen erogenen Zonen. Sie können hier eine Reihe von Übungen aus der normalen Massage machen und dann immer wieder zu sehr sanftem Streichen zurückkehren.
Dann kommt die wichtigste Station. Es gilt, den Zusammenhang zwischen dem Genitalbereich und dem übrigen Körper herzustellen. Dazu machen Sie Übungen, die an einigen Stellen die Genitalien leicht berühren, um dann unmittelbar zu anderen Körperteilen weiterzugehen. Dies hat, vor allem wenn Sie eine Zeitlang sanft über den ganzen Körper gestrichen haben, die Wirkung, daß etwas von der primären sexuellen Erregung, die gewöhnlich im Genitalbereich auftritt, auf den ganzen Körper übertragen wird.
Das letzte Stadium erreichen Sie natürlich dann, wenn Sie Ihre Aufmerksamkeit direkt auf die Geschlechtsteile Ihres Partners richten. Sie drücken hier sanft mit den Fingerspitzen und bewegen Ihre Hände langsam und leicht über den ganzen Genitalbereich. Streichen Sie zum Beispiel in winzigen Kreisen über die Haut, und ziehen Sie die Konturen aller Teilregionen mit einer Fingerspitze nach. Wenden Sie Ihre Aufmerksamkeit nicht darauf, Ihren Partner zu reizen – das geschieht ganz von selbst –, sondern lassen Sie ihn spüren, daß die Genitalien Teil seines Körpers sind und die gleiche Zuwendung und Fürsorge verdienen wie alle anderen Bereiche des Körpers.
Welche Techniken werden nun bei der erotischen Massage angewendet? Für Sie ist es sicherlich das einfachste, die Übungen, die Sie für die normale Massage gelernt haben, zu übernehmen. Folgen Sie einfach Ihrem Instinkt und Ihren Intuitionen. Wenn Sie erotische Massage bei jemandem anwenden wollen, den Sie lieben, so ist die schöpferische Phantasie Ihr wichtigster Ratgeber. Hier nun noch einige spezielle Vorschläge. (Denken Sie bitte daran, daß vieles für Sie einfach keinen Sinn ergibt, wenn Sie sich nicht vorher gründlich mit dem praktischen Übungsteil dieses Buches befaßt haben.)

1 Beim federleichten Streichen bewegen sich Ihre Fingerspitzen so leicht, daß sie kaum die Haut des Partners berühren. Streichen Sie die ganze Länge des Körpers hinauf und wieder hinunter; mal langsamer, dann wieder schneller; mal in gerader Linie, mal in Wellen, Kreisen, Spiralen oder wie es Ihnen sonst gefällt.

Eine angenehme Variation: Mit einer einzigen Fingerspitze gleiten Sie langsam über den ganzen Körper. Das ist scheinbar mehr oder weniger das gleiche wie das Streichen mit der ganzen Hand; aber Ihr Partner wird den Unterschied deutlich spüren.

2 Nun eine gute zusätzliche Übung für die männliche wie für die weibliche Brust. Legen Sie die Spitzen beider Daumen unmittelbar neben eine Brustwarze. Mit leichtem Druck streichen die Daumenspitzen gleichzeitig (aber in entgegengesetzter Richtung) auseinander. Halten Sie inne, wenn Sie die weibliche Brust passiert haben bzw. ungefähr zwölf Zentimeter weit über die Brust Ihres männlichen Partners gefahren sind. Dann kehren die Daumenspitzen zur Brustwarze zurück, und als ob Sie die Speichen eines Rades zeichnen wollten, wiederholen Sie die Übung (etwa 8mal) in winzigen Abständen rund um die ganze Brust.

3 Für die Füße: Streichen Sie mit einem Finger langsam zwischen allen Zehen hin und her.

4 Wenn Sie die Hauptübung auf der Rückseite des Beins machen, lassen Sie bei der Massage des linken Beins die rechte Hand vorangehen. Beide Hände streichen dann erst noch über das Gesäß, bevor sie sich trennen; während die linke Hand wie gewohnt über die Hüfte zieht, gleitet die rechte leicht zwischen den Pobacken herab und über alle leicht erreichbaren Teile der Genitalien, bevor beide Hände wieder das Bein hinunterstreichen.

5 Die Fingerspitzen einer Hand fahren in winzigen Kreisen rund um die Spitze des Steißbeines. Drücken Sie ruhig fest zu, aber konzentrieren Sie den Druck mehr auf die umliegenden Muskeln als auf den Knochen selbst. Dann streichen Sie leicht zu den Genitalien hinunter und wieder zurück, und zum Schluß noch einmal kräftig rund um das Steißbein.

6 Der Handballen einer Hand geht voran, und die Hand streicht mit gleichmäßiger Bewegung von den Genitalien herauf, zwischen den Pobacken hinauf, die Wirbelsäule entlang und nach einer Seitwärtsdrehung zum Nacken. Die Hand bleibt oben am Nacken liegen, während Sie den Strich mit der andern Hand wiederholen. Die zuerst angekommene Hand macht dann der zweiten Platz.

Wiederholen Sie diese Übung ein paarmal, und achten Sie darauf, daß immer eine Hand am Nacken ruht, wenn die andere heraufstreicht.

7 Fahren Sie mit den Fingerspitzen einer Hand in kleinen Kreisen die Rinne zwischen Becken und Innenseite des Oberschenkels an den Genitalien vorbei rauf und runter. Arbeiten Sie langsam und mit viel Druck. Streichen Sie auf jeder Seite einige Male herauf und hinunter, und dann flüchtig und sanft über die Genitalien. Zum Schluß gehts wieder mit Druck zwischen Becken und Oberschenkel entlang.

8 Beschreiben Sie mit der Spitze eines Zeigefingers einen winzigen Kreis ganz oben auf dem Kopf Ihres Partners. Die Spitze des andern Zeigefingers beschreibt einen kleinen Kreis auf dem Damm – eine kleine Region zwischen After und Hodensack bzw. After und Scheideneingang. Drücken Sie sanft. Halten Sie beide Finger etwa eine Minute lang in gleichmäßiger Bewegung.

9 Eine Übung für die Vagina: Legen Sie beide Daumenkuppen auf den Damm (wie beim vorhergehenden Strich), einen Daumen unmittelbar über den andern. Mit leichtem Druck bewegen sich nun die Daumen hinauf zu den kleinen Schamlippen. Dann trennen sie sich; einer streicht nach rechts, einer nach links. Mit verstärktem Druck streichen Sie zwischen den großen und kleinen Schamlippen wieder hinunter zum Damm. Setzen Sie diesen lustbetonten Bewegungsablauf ohne Unterbrechung fort.

10 Eine Übung für den Penis: Legen Sie die Spitzen beider Zeigefinger auf den Damm. Die Zeigefinger trennen sich, einer bewegt sich nach rechts, einer nach links, und beide fahren am Hodensack entlang zum Fuß des Penisschafts. Von dort streichen Sie ohne Unterbrechung mit beiden Fingern auf der Unterseite (die beim erigierten Penis nach oben zeigt) das Glied hinauf, über die Eichel auf die andere Seite. Dann streichen die Finger sanft die Furche unterhalb des Eichelkranzes herum zur Unterseite des Gliedes, dann den Penisschaft hinunter, um den Hodensack herum zum Damm. Wiederholen Sie das Ganze sofort noch einmal.

Machen Sie dann weiter, was Sie wollen – ohne Eile! Sooft Sie Lust haben, machen Sie die erotische Massage. Vergessen Sie darüber aber nicht die normale Massage. Versuchen Sie, *alle* Bereiche der körperlichen Berührung auszukosten. Das wird Ihnen sicher in anderen Bereichen sehr zugute kommen.

Selbstmassage

Ihr eigener Masseur zu sein, ist beinahe so, als wären Sie Ihr eigener Liebhaber. Natürlich geht es – aber es ist irgendwie nicht ganz das Wahre.

Es gibt da einige Probleme. Das schwerwiegendste: An manche Regionen Ihres Körpers ist mit eigener Hand nicht heranzukommen. Andere Partien können Sie zwar erreichen, aber nur mit Mühe und ohne den richtigen Nachdruck. Doch damit sind wir noch nicht einmal bei der größten Schwierigkeit. Viel schlimmer ist, daß Sie sich dabei nicht entspannen können. Ein Körperteil kann einfach nicht völlig gelöst sein, während ein anderer angestrengt arbeitet; dazu sind die einzelnen Körperfunktionen zu abhängig voneinander.

Auch Ihre Aufmerksamkeit ist zwangsläufig geteilt. Während der Massage müssen Sie sich ja auf die Tätigkeit Ihrer Hände konzentrieren; andererseits sollen Sie zu wohliger Entspannung kommen und sich umsorgt und verwöhnt fühlen. Sind Sie aber zugleich Masseur und Massierter, können Sie sich weder dem einen noch dem anderen Gefühl ganz hingeben, und so kann Ihren Bemühungen nur halber Erfolg beschieden sein.

Das größte Manko aber ist, daß es hier zu keiner Kommunikation, zu keinem Austausch von Energien kommt. Fehlt aber diese Komponente, bleibt eigentlich nur das rein Mechanische; eine körperliche Technik und sonst gar nichts.

Nach dieser skeptischen Einleitung sollte ich aber sagen, wozu die Selbstmassage dennoch gut ist. Erstens kann sie Ihren Körper kurzfristig wieder fit machen, wenn Sie sich erschöpft und verkrampft fühlen. Außerdem trägt eine derartige der Gesundheit zuträgliche Beschäftigung mit Ihrem Körper auch psychologische Früchte.

Schließlich aber hilft die Selbstmassage – und darin liegt für jeden, der mit Massage zu tun hat, ihr eigentlicher Wert – festzustellen, was man bei einer Massage als wohltuend empfindet und was nicht. Sie lernen den Knochenbau und das Muskelsystem kennen, erfahren die Wirkung von starkem und vermindertem Druck an sich selbst und vieles andere. Jedenfalls erforschen Sie so Ihren Körper und lernen die Rückwirkungen der Massage auf ihn kennen. Je mehr Sie über Ihren eigenen Körper wissen, desto sicherer behandeln Sie auch den Ihres Partners.

Allzu viele detaillierte Anweisungen sind hier nicht erforderlich. Öl ist nicht notwendig. Das Wichtigste ist: pressen, drücken, kneten, wo immer Sie können. Im einzelnen muß das jeder für sich probieren und herausfinden. Hier ein paar Vorschläge, die Ihnen vielleicht weiterhelfen.

1 Gesicht und Kopfhaut. Legen Sie sich entweder auf den Rücken oder bleiben Sie sitzen. Die liegende Position ist besser für die Gesichtsmassage, im Sitzen können Sie mehr für Ihre Kopfhaut tun. Das Gesicht massieren Sie ebenso, wie wenn Sie einen Partner massierten; auf der Stirn wird allerdings mit den Fingerspitzen statt mit den Daumen gearbeitet. Die Kopfhaut soll ebenfalls mit den Fingerspitzen lange und kräftig massiert werden.

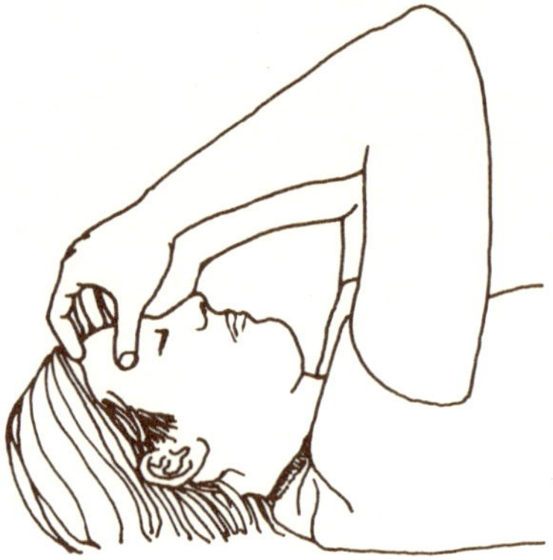

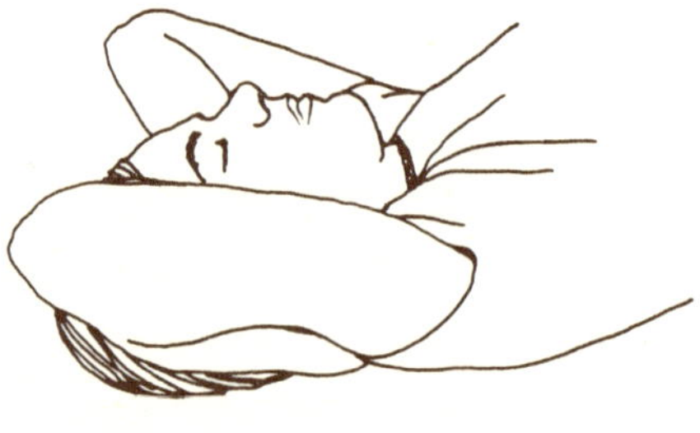

2 Nacken und obere Rückenpartie. Sie liegen auf dem Rücken. So fest Sie können, setzen Sie Ihre Fingerspitzen zu beiden Seiten der Wirbelsäule an; während des Pressens bewegen Sie die Fingerspitzen ein wenig hin und her. Fangen Sie so weit unten an, wie Ihre Arme reichen. (Sie kommen wahrscheinlich nicht viel weiter als bis zu einem Bereich ungefähr in Höhe des Schulterblattansatzes.) Dann machen Sie die gleiche Übung oberhalb der Schulterblätter, und zwar von der Wirbelsäule zu den Schultern hin.

3 Nun setzen Sie sich auf einen Stuhl und lassen den Kopf (aber nur den Kopf) so weit wie möglich nach vorn hängen. Dann beschreiben Sie mit den Fingerspitzen knapp unterhalb des Schädelknochens kleine Kreise, dabei pressen Sie kräftig. Fangen Sie ungefähr fünf Zentimeter links von der Wirbelsäule an, und massieren Sie bis zum gleichen Punkt rechts von der Wirbelsäule.

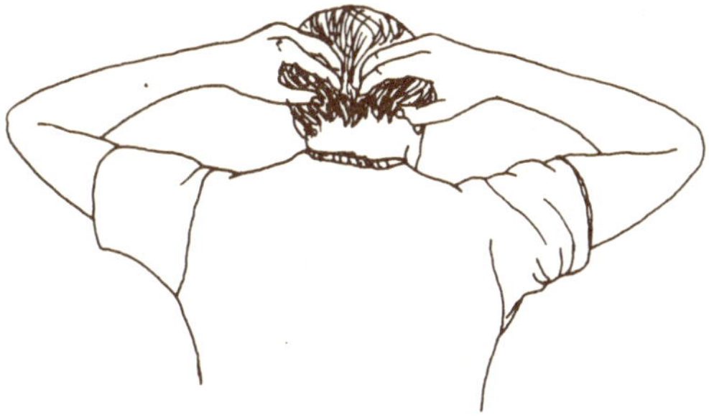

Dann lassen Sie bei erhobenem Kopf einen Arm und eine Schulter schlaff herunterhängen. Mit den Fingerspitzen der anderen Hand pressen Sie den oberen Teil des Schulterblatts. Dabei bewegen sich die Fingerspitzen leicht weiter. Es geht langsam am oberen Rand des Schulterblatts vorbei, von der Schulter zur Wirbelsäule hin. Dann fahren Sie an der Seite des Schulterblatts, die der Wirbelsäule zugewandt ist, hinunter. Sie werden allerdings nicht sehr weit kommen.

4 Brust. Kneten und pressen Sie mit den Fingerspitzen, entweder im Sitzen oder im Liegen.

5 Bauch. Reiben Sie mit einer Handfläche kreisend über den Bauch. Dann pressen und kneten Sie leicht mit den Fingerspitzen.

6 Körperseiten. Kneten und reiben.

7 Unterer und mittlerer Rücken. Das ist ein bißchen schwierig. Tiere, die sich ihren Rücken an Baumstämmen scheuern können, haben es da viel leichter. Das einzig Wirksame, das ich kenne, ist, sich hinzustellen und die Daumenspitzen so fest wie möglich auf Punkte direkt neben der Wirbelsäule zu drücken. Fangen Sie drei bis fünf Zentimeter über dem unteren Ende der Wirbelsäule an. Pressen Sie jedesmal etwa fünf Sekunden lang, und gehen Sie dann mit den Daumenspitzen einen Zentimeter weiter und pressen erneut. Arbeiten Sie sich so weit den Rücken hinauf, wie Sie können.

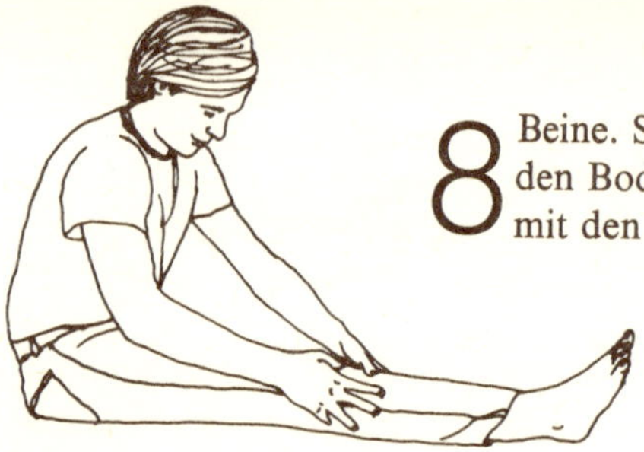

8 Beine. Setzen Sie sich mit ausgestreckten Beinen auf den Boden oder aufs Bett. Kneten und drücken Sie mit den Fingerspitzen.

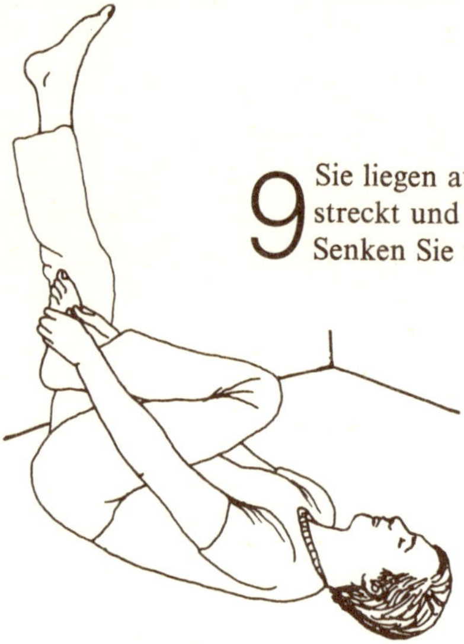

9 Sie liegen auf dem Rücken, die Beine sind nach oben gestreckt und gegen die Wand oder ein Möbelstück gestützt. Senken Sie nun den einen Fuß, so daß er in Reichweite Ihrer Hände ist. Arbeiten Sie sich vom Fuß aus hinauf. Sie kneten und drücken den Fuß und das ganze Bein. Das können Sie so oft wiederholen, wie Sie wollen, aber massieren Sie nur vom Fuß in Richtung Oberschenkel, nicht umgekehrt. (Diese Massage zum Herzen hin unterstützt die Arbeit der Venen).

10 Gesäß. Kneten Sie, entweder im Stehen oder auf dem Bauch liegend.

11 Füße. Hier können Sie die beste Arbeit leisten, vor allem auf den Fußsohlen. Setzen Sie sich auf einen Stuhl und legen Sie einen Fuß auf den Oberschenkel des anderen Beins. In dieser Stellung können Sie sehr genau und mit starkem Druck die ganze Fußsohle massieren. Dann bearbeiten Sie mit Fingern und Daumen auch den anderen Fuß. Vergessen Sie nicht die Zehen.

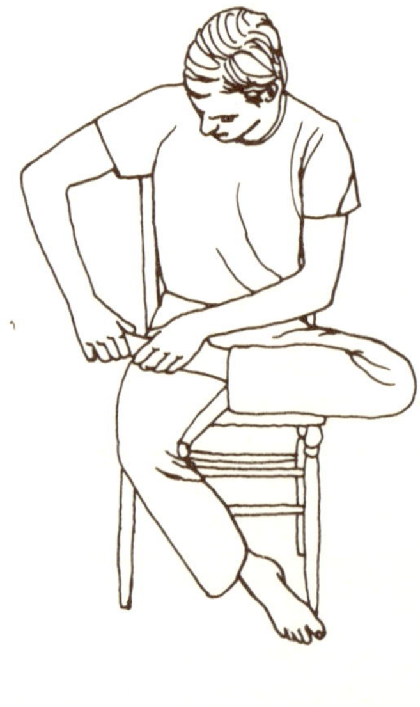

12 Der ganze Körper. Klatschen Sie! Klatschen Sie mit der hohlen Hand jeden Quadratzentimeter Ihres Körpers, den Sie erreichen können. Auch das Gesicht ist nicht ausgenommen, hier klatschen Sie allerdings nicht ganz so fest. Ich finde Klatschen netter als jede andere Art der Selbstmassage.
Soweit die Tips zur Selbstmassage. Lassen Sie mich noch etwas hinzufügen. Ich meine, das eigentliche Äquivalent zur Partner-Massage ist für den einzelnen nicht die Selbstmassage, sondern Yoga. Wenn Sie trotz meiner vielleicht etwas entmutigenden Bemerkungen finden, daß auch die Selbstmassage für Sie einen Reiz hat, so sollten Sie doch auch einmal versuchen, ob Ihnen nicht Yoga das gleiche oder noch viel mehr gibt. (Empfehlenswert ist dafür die Lektüre des Buches von André van Lysebeth »Yoga für Menschen von heute«, erschienen im Bertelsmann Ratgeberverlag.)

Massage zur Musik und andere Übungen

Hier sind drei einfache Möglichkeiten, Ihre Massage-Bewegungen noch sicherer und flüssiger zu machen.
Versuchen Sie doch einmal, mit Musik zu massieren. Im allgemeinen gebe ich diese Empfehlung nicht. Musik schafft zwar eine angenehme Atmosphäre, lenkt aber doch leicht, wenn auch unbewußt, den Partner ab. Trotz allem kann die Musik auch eine wertvolle Hilfe zur Verbesserung Ihrer Massagetechnik sein.
Der Rhythmus der Bewegung soll sich dem Rhythmus der Musik anpassen. Suchen Sie ein paar Platten aus, die Sie besonders gern mögen. Die Musik soll möglichst viele unterschiedliche Rhythmen enthalten. Fragen Sie Ihren Partner, ob auch ihm diese Musik gefällt, und fangen Sie an. Zwingen Sie aber nun nicht etwa Ihre Hände dazu, sich sofort dem Rhythmus der Musik anzupassen. Machen Sie die Übungen, wie Sie sie gewohnt sind, und hören Sie sich dabei allmählich in die Musik hinein. Bald werden Sie feststellen, daß Ihre Hände aus eigenem Antrieb neue Möglichkeiten finden und sich mit ganz neuer Sicherheit bewegen. Versuchen Sie es auch mit verschiedenen anderen Schallplatten. Jeder neue Rhythmus bringt Sie auf ganz neue Feinheiten.
Sie können Ihre Massage aber auch »tanzen«. Das geht mit und ohne Begleitmusik. Ihr Partner liegt auf dem Bauch – übrigens ist für diese Übung die Massage auf dem Boden nicht zu empfehlen –, und Sie reiben ihn von oben bis unten mit Öl ein. Jetzt bewegen sich Ihre Hände hinauf und hinunter. Diesmal konzentrieren Sie sich nicht so sehr auf den Körper, den Sie massieren, auch nicht auf Ihre Hände. Statt dessen stellen Sie sich ganz auf Ihren gesamten Körper und seine Bewegungen ein. Und dann tanzen Sie zu Ihrem eigenen Vergnügen. Ihr ganzer Körper soll dabei mitschwingen und in Bewegung sein. Aber achten Sie darauf, daß die Hände trotzdem in Kontakt mit Ihrem Partner bleiben.
Sie werden staunend entdecken, wie sehr sich Ihr Körper in die Bewegungen der Massage einbeziehen läßt. Und erkundigen Sie sich anschließend, wie Ihr Partner das Ganze empfunden hat. Diesmal haben Sie sich ja mehr auf Ihr eigenes Wohlbehagen konzentriert als auf seines. Dennoch werden Sie über seine Antwort sicher erstaunt sein.

Und nun eine letzte Übung, ein bißchen schwieriger zwar, aber doch der Mühe wert. Machen Sie einmal eine ganze Massage im Dunkeln. Dabei bleibt nun wirklich alles dem Tastsinn überlassen, einschließlich das Auffinden der Ölflasche und das Einreiben mit Öl. Sie machen sicher Fehler dabei und kommen sich ein bißchen tapsig vor, aber Sie glauben gar nicht, wie lebendig Ihre Hände dabei werden.
Und noch eine Variante: Lassen Sie sich von jemand in ein dunkles Zimmer bringen, und massieren Sie dort eine Person, die Sie überhaupt nicht kennen, die Sie nie gesehen haben. Das ist ein harter Test – aber Sie werden viel dabei lernen.
Gleichgültig, wieviel Sie schon massiert haben, ist es doch empfehlenswert, von Zeit zu Zeit diese Übungen zu wiederholen, ebenso wie andere, die Ihnen vielleicht selbst eingefallen sind. Sie werden jedesmal etwas Neues dabei entdecken.

10-Minuten-Massage

Ja, es ist zu machen. Natürlich ist es nicht das gleiche wie eine Vollmassage; 10 Minuten sind eben nur 10 Minuten. Aber wenn Sie jede Minute nutzen, können Sie auch in so kurzer Zeit Ihrem Partner ein erstaunliches Wohlgefühl vermitteln. Sie haben drei Möglichkeiten für eine 10-Minuten-Massage.
Sie können genauso wie immer massieren, aber nur einen oder zwei Körperteile, z.B. 10 Minuten Rückenmassage oder 5 Minuten Massage am Kopf und 5 Minuten an den Füßen. Rücken, Kopf, Nacken und Füße eignen sich besonders für eine Kurzmassage. Wenn Sie jemand regelmäßig jeden Tag massieren, so achten Sie darauf, daß jedesmal ein anderer Körperteil an die Reihe kommt.
Sie können aber auch den ganzen oder fast den ganzen Körper in 10 Minuten massieren, wenn Sie an jedem Körperteil nur einen oder zwei der gewohnten Striche machen (z.B. jeweils die Hauptübung). Ich finde allerdings diese Art der Kurzmassage für beide Partner ein wenig hektisch.
Eine dritte Möglichkeit ist, einige oder alle Übungen aus dem Kapitel »Der ganze Körper« zu machen, auf der Vorderseite oder/und auf der Rückseite. Diese Behandlung ist besonders geeignet, den Partner bei Müdigkeit und Abgeschlagenheit schnell mit neuer Energie aufzutanken. Besonders wirkungsvoll ist übrigens ein 10-Minuten-Harken (Übung 1 aus dem Kapitel »Der ganze Körper«) oder eine 10-Minuten-Massage mit gespreiztem Daumen und Zeigefinger (Übung 5 aus dem gleichen Kapitel).
Das ist eigentlich schon alles, was Sie zu diesem Punkt wissen müssen. Ehepaare oder Leute, die zusammen leben, haben es natürlich sehr einfach, die 10-Minuten-Massage *täglich* durchzuführen. Sie können es so einrichten, daß sie immer dann, wenn sie Zeit und Lust haben, eine Vollmassage wählen und an den anderen Tagen auf das 10-Minuten-Programm zurückgreifen. Ich weiß, auch 10 Minuten täglich können viel sein. Aber sie sind es nur so lange, bis diese tägliche Massage zur Gewohnheit geworden ist. Und ich versichere Ihnen, daß nichts auf der Welt – zumal wenn es so wenig Mühe kostet – mit der Zeit die Art und das Tempo Ihrer Lebensführung so wirkungsvoll positiv beeinflussen kann. Geben Sie sich diese Chance. Sie werden es nicht zu bedauern haben.

Tier-Massage

Ihr Hund, Ihre Katze werden von einer Massage hellauf begeistert sein; und Sie können einiges dabei lernen. Tiere reagieren ja sehr spontan und direkt. Wenn Sie das Richtige tun, strecken sie sich genüßlich vor Ihnen auf dem Boden aus. Machen Sie aber etwas falsch, schnappen Sie nach Ihnen oder stoßen Ihre Hand weg. Wichtig ist, daß Sie erst einmal die anatomische Struktur des Tierkörpers genau erforschen und im Griff haben, ehe Sie mit der Massage anfangen.
Wenden Sie besonders der Wirbelsäule des Tieres Ihre Aufmerksamkeit zu. Fast immer ist es wirkungsvoll, die Furchen zu beiden Seiten der Wirbelsäule gründlich zu massieren.
Genauso wichtig ist die Massage der Schädelbasis. Wie sich aus der Reaktion des Tieres schließen läßt, liegt hier bei den Tieren genauso ein Spannungsfeld wie beim Menschen. Streichen Sie auch rund um die Schulterblätter. Oft können Sie ganz tief zwischen Schulterblatt und Wirbelsäule eindringen. Drücken Sie zunächst nur ganz vorsichtig, und verstärken Sie den Druck erst später. Wenn das Tier merkt, daß Sie die richtige Stelle gefunden haben, läßt es sich gern auch stärkeren Druck gefallen.
Höchst unterschiedlich ist bei verschiedenen Tieren die Reaktion auf die Bauchmassage. Einige dulden in der Bauchgegend überhaupt keine Berührung; andere lassen sich gern den Bauch massieren.
Ihre Bewegungen sollten gleichmäßig, konzentriert und bestimmt sein. Tiere stellen sich sehr schnell auf jemanden ein, und wenn Sie spüren, daß dieser Mensch weiß, warum er dieses oder jenes tut, fassen sie sofort Zutrauen.

Meditation

Wie die Massage ist auch die Meditation eine Übung für den ganzen Körper. Das wird nicht immer ausdrücklich gesagt. Die Regeln, die man den Schülern mitgibt, stellen meist nur fest, was sie nicht tun sollen: Hänge nicht irgendwelchen Gedanken nach; erlebe nichts als diesen Augenblick; bewege dich nicht usw.
Und all das ist ja richtig, denn der erste Zweck aller Meditation ist es, das Gewirr und Gedröhn unseres verbalen Denkens vorübergehend zum Stillstand zu bringen. Aber was geschieht denn, wenn das Geschwätz in uns zu verstummen beginnt?
Sie erleben – je nach der Art der Meditation – die Entwicklung eines intensiven Bewußtseins Ihres Körpers. Sobald Meditation ein wenig in die Tiefe geht, ist es mit dem Körper wie mit guter Musik: man kann sie in einer von vielen Variationen spielen. Es gibt Formen der Meditation, die einfach den Sinn haben, ein Gefühl innerer Ruhe und Harmonie herbeizuführen. Diese Ruhe aber bleibt ganz und gar physischer Natur, eine Heiterkeit, die einen fast wie körperliche Wärme erfüllt. Andere Methoden setzen sich ausdrücklich die Konzentration auf einen einzelnen Körperteil zum Ziel: beispielsweise den Bauch (hara) oder den Bereich des »dritten Auges« auf der Stirn.
Welche Art der Meditation Sie auch betreiben, der Nutzen für die Massage ist in jedem Fall beträchtlich. Wenn Sie sich ein paar Monate oder länger Meditation zur täglichen Gewohnheit machen, bringen Sie eine Sensibilität und Konzentration zum Massagetisch mit, die Sie früher nicht für möglich gehalten hätten.
Alle Meditationsformen wirken sich günstig auf die Massage aus. Dennoch will ich Ihnen an dieser Stelle einen, wie ich zugeben muß, etwas voreingenommenen Rat geben, der das Angebot ein wenig einschränkt. Jede Form der Meditation, die sowohl aktive Atembeobachtung als auch eine Konzentration auf den Bereich des Bauchs (hara) enthält, hat besondere Vorteile für Ihre Massagepraxis.

Zazen zum Beispiel, eine Form der Meditation, die den östlichen Zen-Traditionen verwandt ist, hat diese beiden Komponenten. Ebenso einige Yoga-Meditationen, die Konzentration auf Energiezentren (meist chakras genannt) im unteren wie im oberen Teil des Körpers verlangen.
Hier das Beispiel einer einfachen Meditation, die Sie leicht ausprobieren können. (1) Setzen Sie sich mit geradem Rücken und gekreuzten Beinen auf ein kleines festes Kissen. Wenn Sie das zu sehr anstrengt, mit weit gespreizten Beinen auf einen Stuhl mit gerader Lehne. (2) Atmen Sie durch die Nase. Ändern Sie den normalen Rhythmus Ihrer Atmung nicht, halten Sie nur nach jedem Ausatmen inne; versuchen Sie, völlig passiv zu sein und den Atem eindringen zu lassen, ohne daß Sie etwas dazutun. (3) Lassen Sie jeden Atemzug so tief wie möglich einziehen und bis in den Bauch gelangen. Zwingen Sie sich jedoch nicht zu tieferen Atemzügen; der Atem soll nur so weit eindringen, wie er will. (4) Zählen Sie Ihre Atemzüge. Zählen Sie jedes Ausatmen, zählen Sie von eins bis zehn und fangen Sie dann wieder von vorn an. Wiederholen Sie das, solange Sie meditieren. (5) Etwa fünf Minuten lang konzentrieren Sie Ihre ganze Aufmerksamkeit auf das Zentrum Ihres Bauches. Danach etwa die gleiche Zeit auf die Mitte Ihrer Stirn, auf einen Punkt ungefähr einen oder zwei Zentimeter über der Nasenwurzel und ebenso weit unter der Haut. (6) Denken Sie an nichts. Versuchen Sie, Leere und Stille in Ihrem Kopf zu erreichen. Sie richten Ihre ganze Aufmerksamkeit nur auf den einen Punkt und auf den Fluß Ihres Atems. (7) Geben Sie alle Ihre Erwartungen auf, und versuchen Sie, mit allem, was geschieht, zufrieden zu sein, auch wenn das eine Zeitlang nach nichts aussieht. (8) Meditieren Sie am Anfang nicht zu lange. Zehn Minuten am Tag genügen. Verlängern Sie die Zeit allmählich, wenn Sie das Bedürfnis haben. Fangen Sie immer damit an, sich fünf Minuten lang auf das Zentrum des Bauchs zu konzentrieren, und wenden Sie dann Ihre ganze Aufmerksamkeit dem Punkt in der Mitte der Stirn zu.
Wenn Sie erst ein wenig vertraut sind mit Technik und Wirkung der Meditation, können Sie Elemente aus verschiedenen Methoden sinnvoll kombinieren. Nehmen wir an, Sie haben eine Art der Meditation gefunden, die Ihnen zusagt, die aber die Konzentration (auf den Bauch) oder die Beobachtung der Atmung nicht vorsieht. Dann können Sie versuchen, diese fehlenden Elemente einfach in Ihre Meditation miteinzubeziehen.

Der nächste Schritt

Bis jetzt haben Sie sich beim Massieren wahrscheinlich vor allem auf Ihren Partner und seine Bedürfnisse konzentriert. Das ist gut und richtig; und sicher ist es der schnellste Weg, Massage zu lernen. Beim nächsten Schritt aber lernen Sie, sich zugleich auf sich selbst einzustellen, und das heißt natürlich auf Ihren Körper, auf seine Stimmungen, Ausgeglichenheit und Energie. Anfangs finden Sie es bestimmt schwierig; denn eine Zeitlang nimmt Ihnen dieses Zu-sich-selbst-Finden unter Umständen etwas von Ihrer Fähigkeit, sich auf Ihren Partner zu konzentrieren. Aber machen Sie sich nichts daraus. Auch das wird Ihnen nach und nach gelingen. Lassen Sie sich auch nicht von falschen Vorstellungen über eine begrenzte Konzentrationsfähigkeit ins Bockshorn jagen. Es stimmt ja nicht, daß Ihnen nur eine bestimmte »Menge« an Aufmerksamkeit zu Gebote steht. Die Aufmerksamkeit, die Sie Ihrem Körper zuwenden, bedingt nicht, daß Sie Ihrem Partner weniger Aufmerksamkeit schenken. Ganz im Gegenteil. Nach kurzer Zeit werden Sie herausfinden, daß Ihr eigener Körper mit seiner gesteigerten Empfindungsfähigkeit und größeren Resonanz nach innen sich jetzt auch besser auf Dinge konzentrieren kann, die außerhalb liegen. Infolgedessen werden Sie auch Ihrem Partner dann immer mehr Aufmerksamkeit zuwenden. Für den Anfang sind Ihnen vielleicht noch die folgenden Ratschläge von Nutzen.

Bleiben Sie mit Ihren Gedanken nur auf den jeweiligen Augenblick konzentriert. Denken Sie an nichts anderes. Wenn Sie regelmäßig Meditation geübt haben, wird Ihnen das nicht schwerfallen.

Atmen Sie bewußt. Beim Massieren atmen Sie immer durch die Nase. Verfolgen Sie den Weg Ihres Atems. Lassen Sie ihn, so weit wie möglich, in Ihren Körper dringen. Ohne daß Sie sich dabei Zwang antun, soll er immer tiefer und ruhiger werden.

Konzentrieren Sie sich auf den Mittelpunkt Ihres Körpers, das Zentrum Ihres Bauchs (hara), wo immer Sie es auch empfinden mögen. Stellen Sie sich vor, Ihre Massage ginge von hier aus. Es soll für Sie die Quelle sein, aus der alles heraufsteigt, was Sie mit Ihren Händen tun.

Legen Sie vorher nicht zu genau fest, was Sie bei einer Massage alles machen wollen. Am besten überlegen Sie sich vorher nur die Reihenfolge, in der Sie die einzelnen Körperteile massieren werden, und machen sich auch Gedanken, welche Bereiche besondere Aufmerksamkeit verlangen. Darüber hinaus aber vertrauen Sie am besten auf Ihre Spontaneität und auf das, was Ihre Hände fühlen (vorausgesetzt, Sie haben inzwischen genügend Erfahrung). Das ist besser als ein genau ausgearbeiteter Behandlungsplan.

Achten Sie auf den Energiestrom in Ihrem Körper. Versuchen Sie – imaginär oder real erlebend – diese Energie mit Hilfe Ihrer Hände auf den Partner zu übertragen.

Gleichzeitig versuchen Sie, die Energie im Körper Ihres Partners zu spüren. Das ist anfangs schwer; aber wenn Sie erst einige Übung haben, werden Sie sich wundern, was Ihnen Ihre Hände alles erzählen können. Versuchen Sie aber nicht, sich vorher auszumalen, was Sie spüren oder nicht spüren werden.

Vergessen Sie nicht, daß Massage Kommunikation ohne Worte ist, und denken Sie auch daran, daß der Körper von Natur aus die Fähigkeit hat, sich zu artikulieren. Diese kommunikative Seite der Massage kommt also nicht von außen, ist nichts Aufgepfropftes, sondern etwas Immanentes. Wir brauchen da nichts hinzuzufügen. Massage ist kein Morse-Code: Sie brauchen keine innere »Botschaft« zu erfahren, ehe Sie mit der Massage beginnen. Vielleicht hilft Ihnen ein Vergleich. Anhänger der Gestalt-Therapie sagen, daß der Klang und die Eigentümlichkeiten einer Stimme mehr ausdrücken als das, was der Mensch sagt. Das gleiche gilt für die Massage: Obwohl Sie bei Gebrauch Ihrer Hände viele Signale übersetzen können, hat die größte Ausdruckskraft doch die Berührung an sich, ihre Qualität, ihr Ausdruck.

Mit anderen Worten: Vertrauen Sie auf den Körper. Geben Sie ihm in jeder Hinsicht die Priorität, und die Kommunikation findet zwangsläufig statt.

Reflexzonen-Massage

In Asien haben jahrhundertelang Ärzte und Heilkundige die Fußmassage als Mittel zur Diagnose wie zur Heilung von schweren und leichten Erkrankungen benutzt. Bei uns ist diese Form der Behandlung als Reflexzonen-Massage bekannt, und in jüngster Zeit als »Reflexologie«. Obwohl von der Medizin kaum zur Kenntnis genommen, ist diese Therapie doch zu stillschweigendem Ansehen bei Massagepraktikern gekommen.

Das Prinzip ist ganz einfach. Für jedes wichtige Organ oder jede Muskelgruppe in Rumpf und Kopf gibt es an einem oder beiden Füßen einen entsprechenden polaren Bereich. Um eine Krankheit irgendwo in den oberen Regionen des Körpers zu lokalisieren und zu behandeln, muß man die polare Stelle am Fuß massieren. Das klingt für uns ziemlich verrückt. Aber ich kann Ihnen sagen, daß ich eine Zeitlang mit dieser Massage experimentiert habe, wie übrigens viele andere, die ich kenne, und heute bin ich überzeugt, daß da eine ganze Menge dran ist. Diese Methode ist natürlich kein Allheilmittel und ganz bestimmt kein Ersatz für eine ärztliche Untersuchung. Aber zusätzlich zur medizinischen Beobachtung und Behandlung kann sie der Gesundheit außerordentlich förderlich sein.

Wie funktioniert diese Massage? Es gibt dazu eine Menge Theorien. Eine weithin anerkannte weist auf den Zusammenhang mit dem Nervensystem hin: zahlreiche Nerven, die vom Fuß aus überall hin verlaufen, können einen Reflex in dem jeweils entsprechenden polaren Körperteil auslösen. Dadurch wird die Blutzirkulation angeregt und eine bessere Sauerstoffaufnahme und Schlackenabgabe in unmittelbarer Nachbarschaft dieses Körperteils bewirkt. Eine andere Annahme – und ich vermute, daß sie der Wirklichkeit näher kommt – besagt, daß das Bindegewebe und das Lymphdrüsensystem im ganzen Körper Träger eines Energiekreises sind, über den die medizinische Forschung bis jetzt kaum Auskunft gibt. Richtige Massagearbeit am Fuß legt einen Energiestrom frei, der auch die entsprechenden polaren Bereiche im Körper berührt.

Was auch die Gründe sein mögen, die Reflexzonenmassage scheint zu funktionieren. Hier einige Hinweise zur Anwendung:

Plazieren Sie sich so, daß der Fuß Ihres Partners leicht zugänglich ist. Wenn Sie einen Massagetisch verwenden, legt Ihr Partner sich auf den Rücken, und Sie sitzen auf einem Schemel am Fußende. Ihr Partner kann sich aber auch auf einen Stuhl setzen und seinen Fuß auf einen niedrigen, gepolsterten Schemel legen; und Sie sitzen oder knien auf einem kleinen Kissen zu seinen Füßen. Dann massieren Sie die Fußsohle mit den Daumenspitzen. Öl brauchen Sie nicht. Pressen Sie kräftig. Arbeiten Sie mit soviel Druck, als wollten Sie einen Reißnagel in ein Stück Holz drükken. Das Wichtigste ist, daß Sie überall drücken. Bearbeiten Sie langsam und gründlich die ganze Sohle. Dann heben Sie den Fuß leicht an und massieren die Seiten der Ferse bis hinauf zu den Fußknöcheln. Sie sind dabei auf der Suche nach ungewöhnlichen Muskelverkrampfungen und achten auf Schmerzreaktionen Ihres Partners. Halten Sie an, wenn Sie auf solche muskulären Verfestigungen stoßen oder wenn Ihr Partner »Au«! schreit. Sehen Sie in den folgenden Abbildungen nach, bestimmen Sie, welcher Körperteil der empfindlichen Stelle des Fußes entspricht. Sagen Sie Ihrem Partner, daß dieser Körperteil erkrankt ist oder zumindest sehr leicht zu Erkrankungen neigt. Dann setzen Sie die Massage fort, wobei Sie die eben gefundene empfindliche Stelle besonders sorgfältig und gründlich behandeln. Ihr Partner muß dabei eine Zeitlang in Kauf nehmen, daß Sie ihm ein wenig weh tun. Wenn Sie schon von Anfang an wissen, welche Beschwerden Ihren Partner plagen, können Sie sich sofort der entsprechenden Stelle am Fuß zuwenden. Am besten sind häufige kurze Behandlungen, zehn bis zwanzig Minuten täglich oder an jedem zweiten Tag. Im Idealfall würden Sie das Massage-Programm fortsetzen, bis sich sein Zustand bessert und sein Schmerzempfinden bei der Fußmassage schwindet.

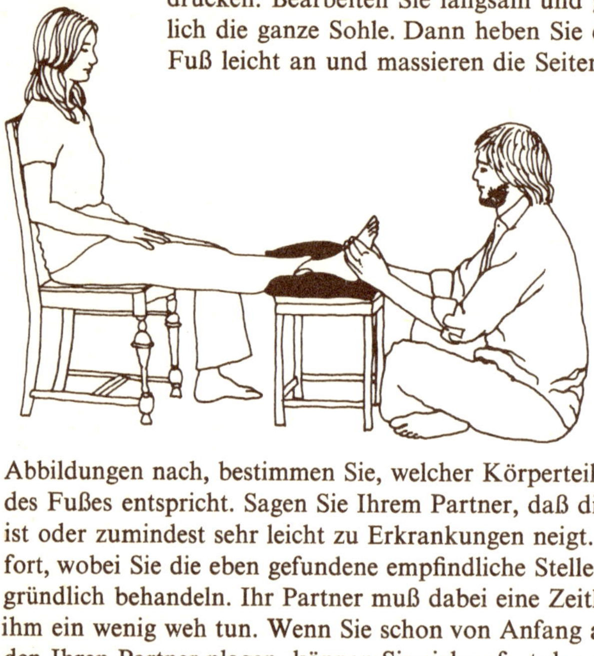

ZUSAMMENHÄNGE ZWISCHEN KÖRPERORGANEN BZW. -TEILEN UND DER FUSSOBERSEITE

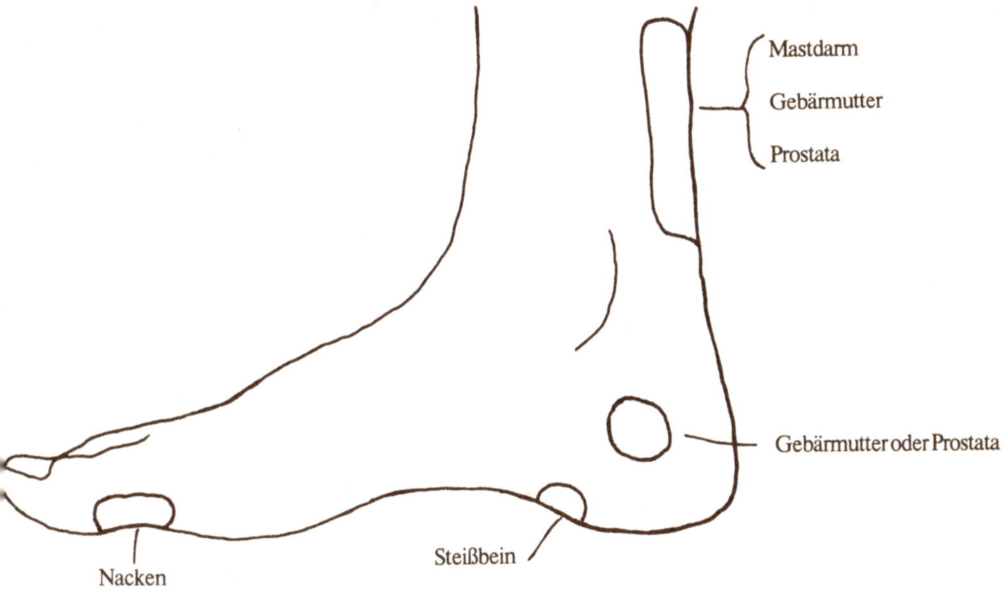

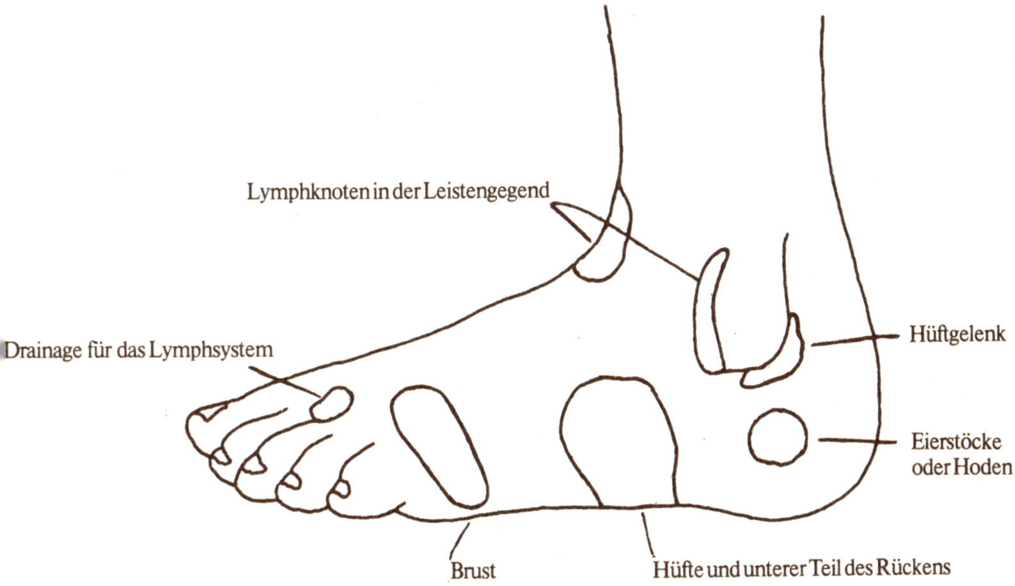

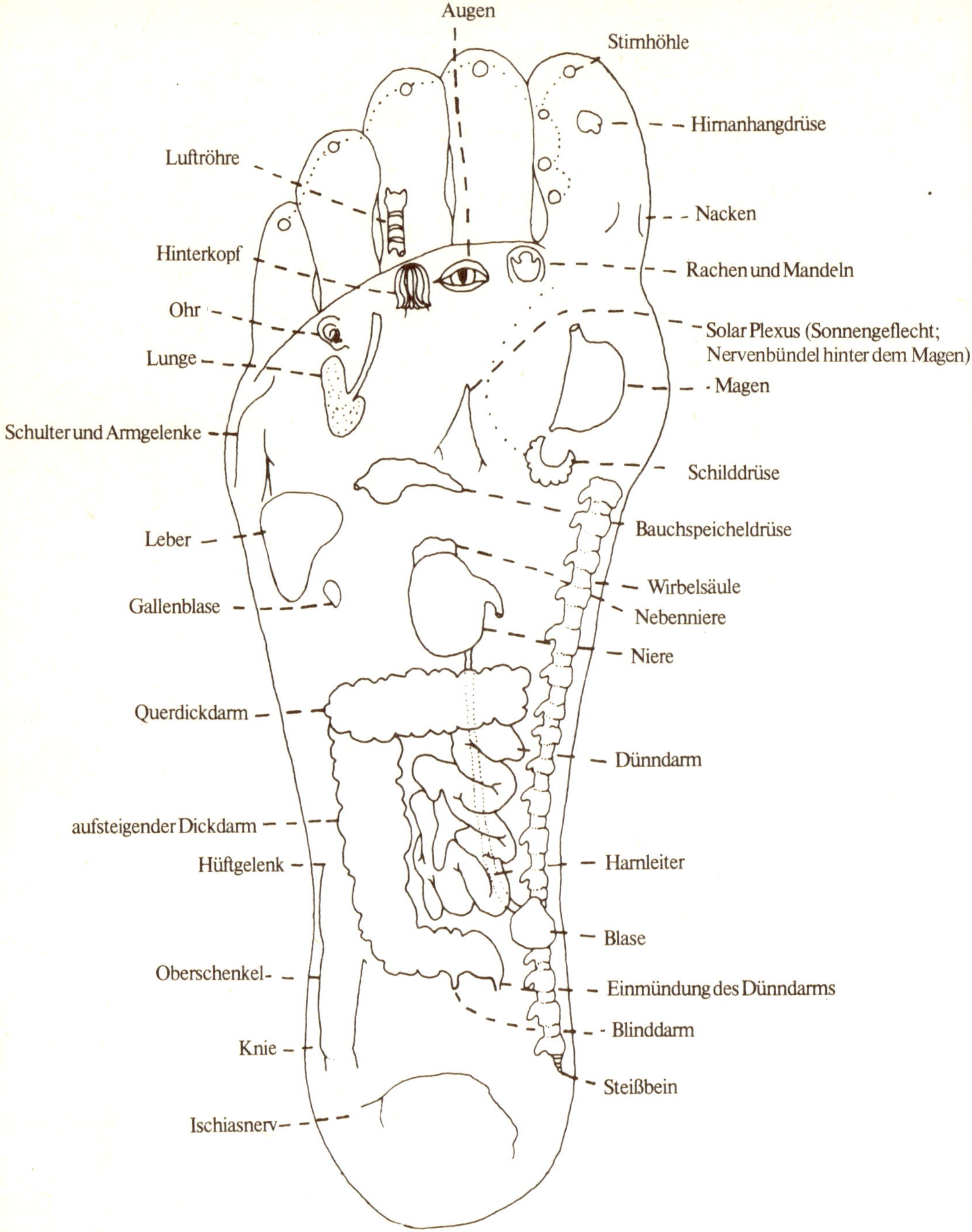

RECHTER FUSS

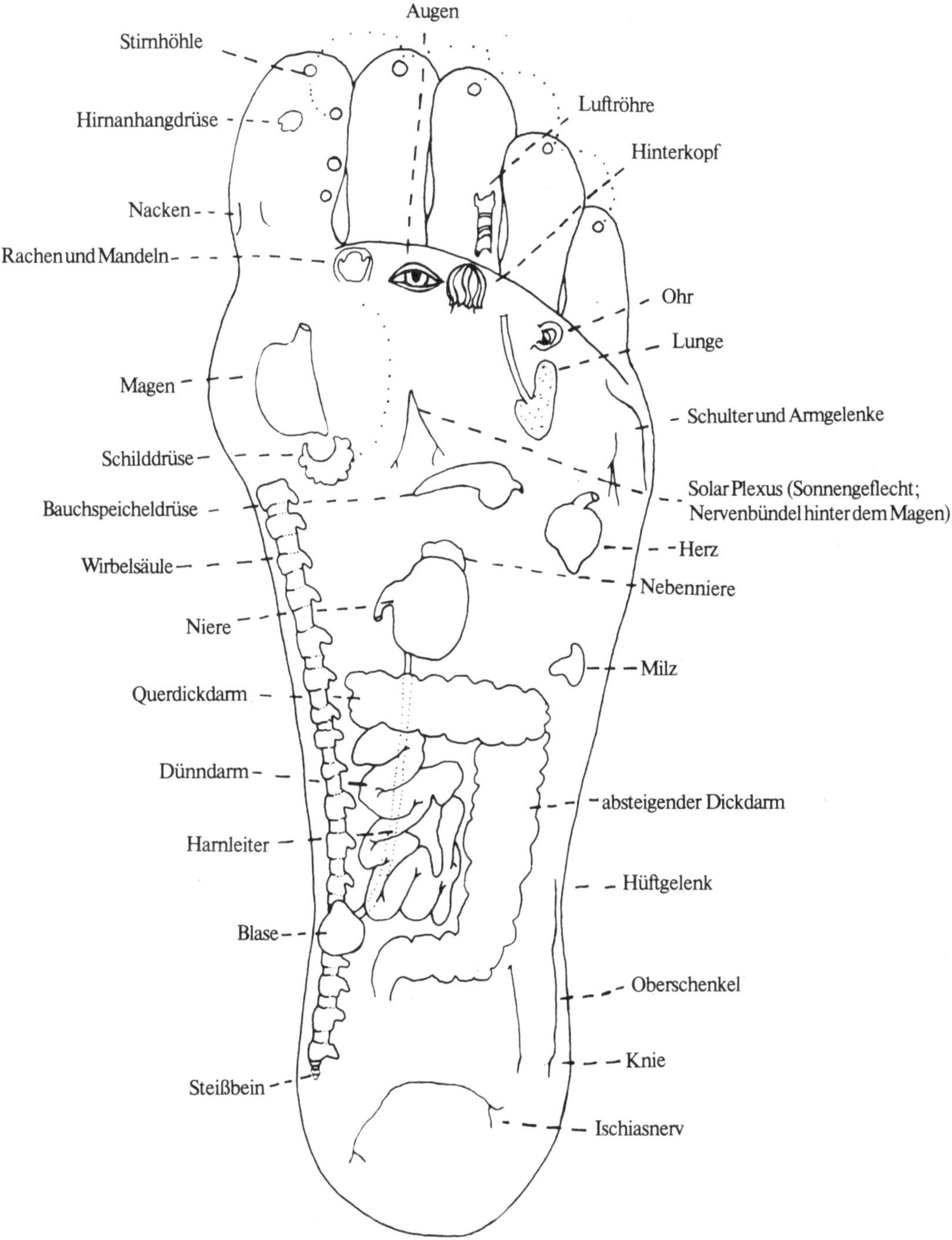
Augen
Stirnhöhle
Hirnanhangdrüse
Luftröhre
Hinterkopf
Nacken
Rachen und Mandeln
Ohr
Lunge
Magen
Schulter und Armgelenke
Schilddrüse
Solar Plexus (Sonnengeflecht;
Nervenbündel hinter dem Magen)
Bauchspeicheldrüse
Herz
Wirbelsäule
Nebenniere
Niere
Milz
Querdickdarm
Dünndarm
absteigender Dickdarm
Harnleiter
Hüftgelenk
Blase
Oberschenkel
Knie
Steißbein
Ischiasnerv

LINKER FUSS

Andere Massageformen

Wenn Sie erst ein wenig fortgeschritten sind in der Massage, die in diesem Buch beschrieben ist, werden Sie sich vielleicht auch für andere Massageformen interessieren. Wie viele Massagearten es gibt? Nun, ich habe mir längst abgewöhnt, diese Frage zu beantworten. Jedesmal, wenn ich glaube, es zu wissen, stoße ich wieder auf zwei oder drei vollkommen andere Methoden, von deren Existenz ich bis dahin nichts geahnt hatte.
Einige der bekannteren will ich Ihnen hier ganz kurz vorstellen.

Massage nach Reich. Genaugenommen gibt es gar keine Reichsche Methode. Wilhelm Reich, ein abtrünniger Schüler Freuds und heute berühmt als Vater der bioelektrischen Energie, wendete bei seinen Patienten einige Behandlungsmethoden an, die unmittelbaren körperlichen Kontakt verlangten. Viele dieser Methoden sind nicht nur bekannt geworden, weil sie von Schülern und Nachfolgern überliefert wurden, sondern auch, weil diejenigen, die Reichs Erbe antraten, sie weiter ausgebaut und entwickelt haben. So gibt es heute einander verwandte Methoden, denen vor allem gemeinsam ist, daß sie von Reichs Lehre abgeleitet sind und mehr oder weniger zum gleichen Ziel führen.
Hauptzweck der Reichschen Massage – oder wie immer wir diese Methode bezeichnen wollen – ist die Auflösung des »Körperpanzers«. Reich stellte fest, daß Muskelverkrampfungen in verschiedenen Teilen des Rumpfes, des Nackens und des Kopfes unbewußte Abwehrhaltungen aufgrund verdrängter psychischer Konflikte sind. Durch physische Behandlung dieser Bereiche und eine verbale Analyse dieser Konflikte wollte Reich den Körper von seinen Spannungen befreien und die seelischen Konflikte aus dem Unbewußten ins Bewußtsein – und damit an die Oberfläche – holen.
Eine der gebräuchlichsten dieser Methoden ist mit außerordentlich festem Klopfen an Rumpf und Nacken verbunden. Die Dauer der Massage an einer Stelle ist höchst unterschiedlich und wird individuell festgelegt, und zwar nach einer Analyse des Körpers. Auch kräftiges Stoßen oder Puffen, durch das bestimmte Reflexe angeregt werden sollen, ist Teil dieser Methode, ebenso wie leichtes Streichen.

Die Massage nach Reich wird praktisch nur von ausgebildeten Therapeuten angewendet. Meist ist sie Bestandteil einer allgemeinen Therapie. Weil sie beträchtliche emotionale Energien freisetzt, kann sie zu plötzlichen Beklemmungen bei dem Behandelten führen. Deshalb sollte sie nur von jemandem praktiziert werden, der dank seiner Ausbildung und Berufserfahrung mit einer solchen therapeutischen Situation fertig werden kann.

Massage nach Rolf. Ida Rolf hat diese Methode einer Tiefenmassage in den letzten Jahrzehnten entwickelt. Die wichtigste Technik dieser Massage besteht in der Anwendung von extrem starkem und konzentriertem Druck mit einem Fingerknöchel oder einem Ellbogen oder auch mit allen Knöcheln einer geschlossenen Hand. Oft wird nur ein einzelner Punkt sekundenlang behandelt. Dadurch sollen Muskeln und Bindegewebe beeinflußt werden. Das Ergebnis ist erstaunlich: eine Neuformung der Körperhaltung.
Eine Behandlung nach Rolf besteht normalerweise aus zehn Massagen von je einer Stunde, die im Abstand von etwa einer Woche gemacht werden.
Bei der Rolfschen Massage erlebt man meist eine Mischung aus starken Reizen, manchmal sehr schmerzhaft, dann auch wieder erheiternd. Der Schmerz läßt sich lenken. Es sind kurze Ausbrüche, die zwei oder drei Sekunden dauern und sofort aufhören, wenn der Masseur seine Hand wegnimmt. Der Schmerz hat eine kräftige, beinahe beruhigende Wirkung. Mit ihm geht oft eine intensive und angenehme Erregung einher. Man fühlt sich körperlich verwandelt, spürt, wie sich Muskeln lockern, die seit Jahren verspannt waren; fühlt, wie Energie den ganzen Körper durchströmt.
Andere starke Emotionen werden im Lauf der Behandlung gelöst. Manchmal dringen Kindheitserinnerungen ins Bewußtsein, wie man dies vorher nie erlebt hat.
Die körperliche Wirkung dieser Massage ist meistens dauerhaft. Viele Menschen haben festgestellt, daß die tiefen Veränderungen ihrer Körperhaltung, die diese Massage bewirkt, mit psychischen Veränderungen einhergehen. Mehr Energie, ein intensiveres Gefühl des Wohlbehagens und mehr Unmittelbarkeit in den Beziehungen zu anderen Menschen sind nur einige der oft gepriesenen Vorzüge dieser Massagebehandlung.

Massage nach Proskauer. Eine Form direkter Körperbehandlung, die Magda Proskauer entwickelt hat. Es ist eine außerordentlich subtile Form der Massage, sie hängt mit der Beschäftigung Magda Proskauers mit der sogenannten Atem-Therapie zusammen. Die Massage selbst ist auf den Atemrhythmus abgestimmt. So ist z.B. ein federleichtes Streichen über bestimmte Muskelgruppen während des Ausatmens ein Teil der Massage. Dadurch soll der Massierte seine Atmung bewußter erleben und ihr stärker vertrauen. Wenn diese Methode richtig angewendet wird, hat der Massierte das Gefühl, als würde er von innen heraus durch den Atem massiert.

Shiatsu. Eine japanische Methode, bei der fast nur mit den Daumenballen massiert wird. Von allen ostasiatischen Formen der Massage ist sie meiner Meinung nach am leichtesten zu erlernen. Ein paar Sekunden lang drücken die Daumen auf bestimmte Punkte des Körpers. Die komplette Massage umfaßt die Behandlung des ganzen Körpers. Für medizinische Zwecke werden jedoch auch nur bestimmte Punktkombinationen massiert. Shiatsu ist anfangs ziemlich anstrengend, da ständig die Daumen gebraucht werden. Aber wenn Sie jeden Tag ein klein wenig üben, bekommen Sie rasch die nötige Kraft und Ausdauer.
Shiatsu ist nicht nur als selbständige Massage interessant, sondern erlaubt auch in der Kombination mit anderen Methoden einen besonders wirksamen Tempowechsel. Auch für die Selbstmassage ist Shiatsu sehr geeignet.
(Literatur dazu: Tokujiro Namikoshi »Shiatsu«, Albert Müller Verlag).

Akupunktur. Eine medizinische Behandlungsweise aus China mit langer Tradition. Sie geht auf eine komplizierte Theorie über die Art und Weise zurück, wie sich Energie manifestiert und im Körper zirkuliert. Bei dieser Methode werden ganz präzis festgelegte Punkte, die über den ganzen Körper verteilt sind, und Punktkombinationen angeregt.
Es ist wohl allgemein bekannt, daß die Reizung dieser Stellen durch Einstich dünner Metallnadeln bis in eine Tiefe von ca. vier Zentimetern erfolgt. Weit weniger bekannt ist die Tatsache, daß Akupunktur sich auch in Form einer Massage anwenden läßt. Dabei werden die fixierten Stellen durch Druck mit einem Knöchel oder Daumen angeregt.

Kleiner Einblick in die Anatomie

Je länger ich Massageunterricht gebe, desto mehr bin ich überzeugt, daß jemand, der sich zum ersten Mal mit Massage beschäftigt, zunächst noch keine genauen anatomischen Kenntnisse braucht. Er sollte mit Anatomie erst anfangen, wenn er mit den Grundtechniken schon ein wenig vertraut ist. Anfangs brauchen Sie nämlich nichts weiter zu lernen, als sich auf Ihre Hände einzustellen und allein mit Hilfe Ihres Tastsinns die Architektur des Körpers zu erkennen. Ich meine, wenn man sich von Anfang an mit Anatomie befaßt, stört man unter Umständen eher die Entwicklung dieses Einfühlungsvermögens, statt es zu fördern.
Warum soll man sich dann überhaupt mit Anatomie herumquälen? Nun, dafür gibt es gute Gründe. So hilft Ihnen z. B. die Kenntnis einiger grundlegender anatomischer Gegebenheiten, aus dem schon Gelernten neue Massagetechniken abzuleiten. Wenn Sie etwas über Anatomie wissen, steigert das Ihre allgemeine Sicherheit in den Massagetechniken.

Der Knochenbau. Die Knochen, aus denen das menschliche Skelett besteht, haben kein »Gefühl«, wohl aber die Knochenhaut, die sie umhüllt, ebenso wie das Bindegewebe, das die Muskeln mit den Knochen verbindet. Die Knochen haben wichtige chemische und organische Funktionen im Körper. Für die Massage aber ist vor allem wichtig, daß sie gleichsam Marksteine für Muskelgruppen und Bereiche von Nervenempfindungen sind.
Die langen Knochen sind immer etwas gebogen. Das erhöht ihre Elastizität, bietet eine größere Ansatzfläche für die Muskeln und gibt manchen Muskelbereichen eine bestimmte Richtung.
Es gibt etwa 206 einzelne Knochen im Körper. Wenn Sie einige der wichtigsten kennen, werden Sie sich schon ganz gut zurechtfinden.

Der Schädel. Er ruht oben auf der Wirbelsäule, unmittelbar über dem obersten Wirbel, den man Atlas nennt. Der Schädel besteht aus verschiedenen kleineren Knochen, darunter der Hirnschale (Cranium), die das Gehirn und die Gesichtsknochen bedeckt. Diese Knochen sind fest verbunden und können, mit Ausnahme des Kiefers, als ein Knochen angesehen werden.

Die Wirbelsäule. Sie besteht aus vierundzwanzig einzelnen Wirbeln. Dazu kommen Kreuzbein und Steißbein. Es gibt sieben Halswirbel (Vertebrae cervicales), zwölf Brustwirbel (Vertebrae thoracales) und fünf Lendenwirbel (Vertebrae lumbales). Kreuzbein und Steißbein bestehen bei der Geburt aus einzelnen beweglichen Wirbeln. Im Laufe der Zeit wachsen sie zusammen, bis sie beim etwa Dreißigjährigen zu einem einzigen festen Knochen geworden sind. Im allgemeinen gilt, daß je tiefer man auf der Wirbelsäule kommt, desto größer die Wirbel werden.
Jeder der Vorsprünge, die wir auf der Wirbelsäule sehen, ist ein Dornfortsatz, der

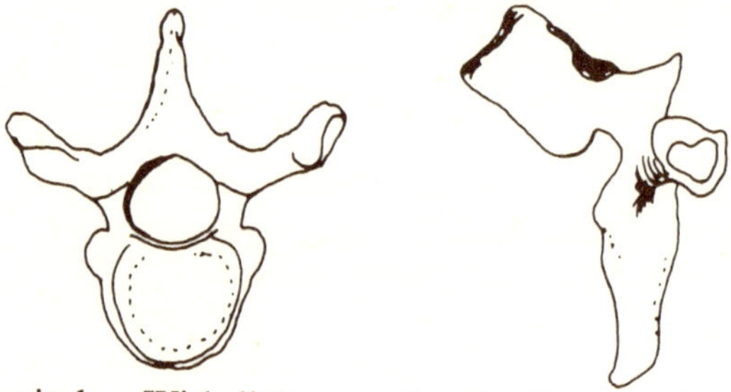

mit dem Wirbelkörper verbunden ist. Ein Wirbel hat eine zylinderförmige Basis mit einem Hohlraum für das Rückenmark und drei knöcherne Fortsätze, die nach zwei Seiten und nach hinten wegstehen. Wenn Sie mit den Fingern dagegendrücken, spüren Sie diese drei Fortsätze. Zwischen der zylindrischen Basis jedes Wirbelpaars liegt eine knorpelige Scheibe, die gleichsam als Puffer zwischen den Wirbeln wirkt und eine reibungslose Bewegung erlaubt. Gelegentlich kann der Gallertkern einer dieser Bandscheiben ein wenig nach vorn oder nach hinten verrutschen; wir sprechen dann vom Bandscheibenvorfall.

Die normale Krümmung der Wirbelsäule verläuft so:

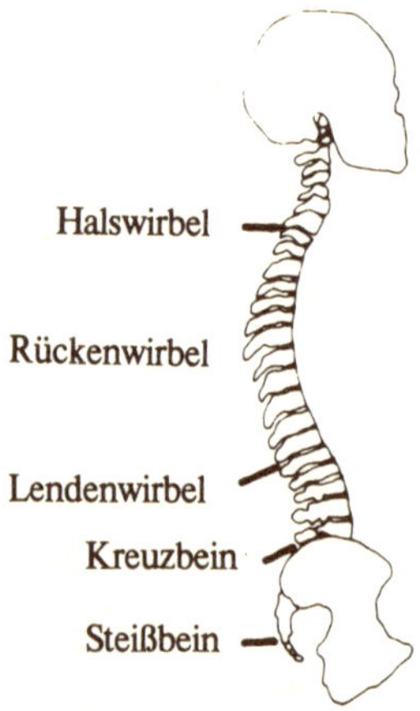

Das Brustbein ist der harte, flache Grat mitten auf der Brust, mit dem die Rippen an der Vorderseite verbunden sind.

Die Schlüsselbeine sind zwei schmale, vorstehende Knochen ganz oben an der Brust. Sie reichen vom oberen Ende des Brustbeins bis zu den Schulterblättern.

Die Rippen, im allgemeinen zwölf, bilden den Brustkorb und sind hinten mit den zwölf Brustwirbeln verbunden. Vorn sind die sieben oberen unmittelbar an das Brustbein angewachsen (echte Rippen). Die drei folgenden sind nur indirekt, nämlich durch Rippenknorpel, die aber so hart sind, daß sie sich wie Knochen anfühlen, mit dem Brustbein verbunden. Die letzten beiden Rippen enden frei an der seitlichen Bauchwand (falsche Rippen).

Die Schulterblätter sind vom Standpunkt der Massage aus ein besonders merkwürdiges Knochenpaar. Interessant ist zunächst einmal die Form. Beachten Sie besonders den oberen Winkel des Schulterblattes mit dem Rabenschnabelfortsatz, der wie eine Halbinsel vorspringt, um an der Schulter mit dem Schlüsselbein zusammenzutreffen. Schulterblatt und Schlüsselbein bilden die Gelenkpfanne, in der das Oberarmbein, der dicke Knochen im Oberarm, liegt. Obwohl sich das Schulterblatt an die Rippen im Rücken anlehnt (ein paar Muskeln und etwas Bindegewebe liegen dazwischen), hat es einen Bewegungsspielraum von einigen Zentimetern.

Der Arm. Beachten Sie, daß der Oberarm nur aus einem Knochen besteht, der Unterarm aber aus zwei.

Die Hand ist aus vielen kleinen Knochen gebildet, allein die Handwurzel hat acht.

Das Becken. Das wichtigste am Beckengürtel ist, daß er praktisch aus einem großen Knochen in Form einer Schale besteht. Jeder große Hüftknochen ist ursprünglich aus drei Knochen zusammengesetzt, die sich mit zunehmendem Wachstum verbinden und zwischen die das Kreuzbein eingelassen ist.
Am Becken lassen sich die deutlichsten Unterschiede zwischen männlichem und weiblichem Knochenbau ablesen. Das weibliche Becken ist weiter, zartknochiger und kürzer. Die Beckenknochen des Mannes sind kräftiger und haben größere Fortsätze und Grate.
Im Beckenbereich findet eine Bewegung nur an den Hüftgelenken oder an der Wirbelsäule statt, und zwar dort, wo sie mit dem Kreuzbein am fünften Lendenwirbel zusammenstößt. Die Stelle rund um diesen Wirbel ist deshalb für eine gute Massage besonders geeignet.

Das Bein besteht wie der Arm aus einem großen Knochen im Oberschenkel und zwei parallel verlaufenden im Unterschenkel. Die Kniescheibe (patella) ist ein kleiner knöcherner Schild, der in eine große Sehne eingebettet und nicht unmittelbar mit anderen Knochen verbunden ist. Das obere Endstück des Oberschenkelbeins trägt seitlich den großen Trochanter, den Gelenkkopf. Das ist ein wichtiger Orientierungspunkt. Der sichtbare Vorsprung, den der große Trochanter bildet, wird oft fälschlicherweise für einen Teil der Hüfte gehalten.

Der Fuß ist wie die Hand ein kompliziertes Gebilde aus vielen kleinen Knochen.

Die Muskeln bilden ein verwirrendes Gewebe im Körper, es gibt mehr als 600. Sie unterscheiden sich beträchtlich in Form und Größe. Einige sind kleiner als Ihr Fingernagel, andere länger und breiter als Ihre ganze Hand. Manche sehen aus wie Stränge, andere wie dicke Massen, wieder andere wie dünne Schichten.
Um jeden Muskel liegt eine fasrige Hülle, das Bindegewebe. Mehrere Schichten Bindegewebe liegen auch zwischen der gesamten Muskulatur und der Haut. Die tiefste Bindegewebsschicht bildet einen durchgehenden Nährboden und umschließt und durchdringt sogar die innere Struktur jedes einzelnen Muskels.
Die meisten Muskeln sind an zwei oder mehr Punkten mit zwei oder mehr Knochen verbunden, einige an einem oder mehreren Punkten mit dem zu anderen Muskeln führenden Bindegewebe. Bewegung wird durch die gemeinsame Arbeit ganzer Muskelgruppen ermöglicht, dabei entspannen sich einige Muskeln, andere ziehen sich zusammen.

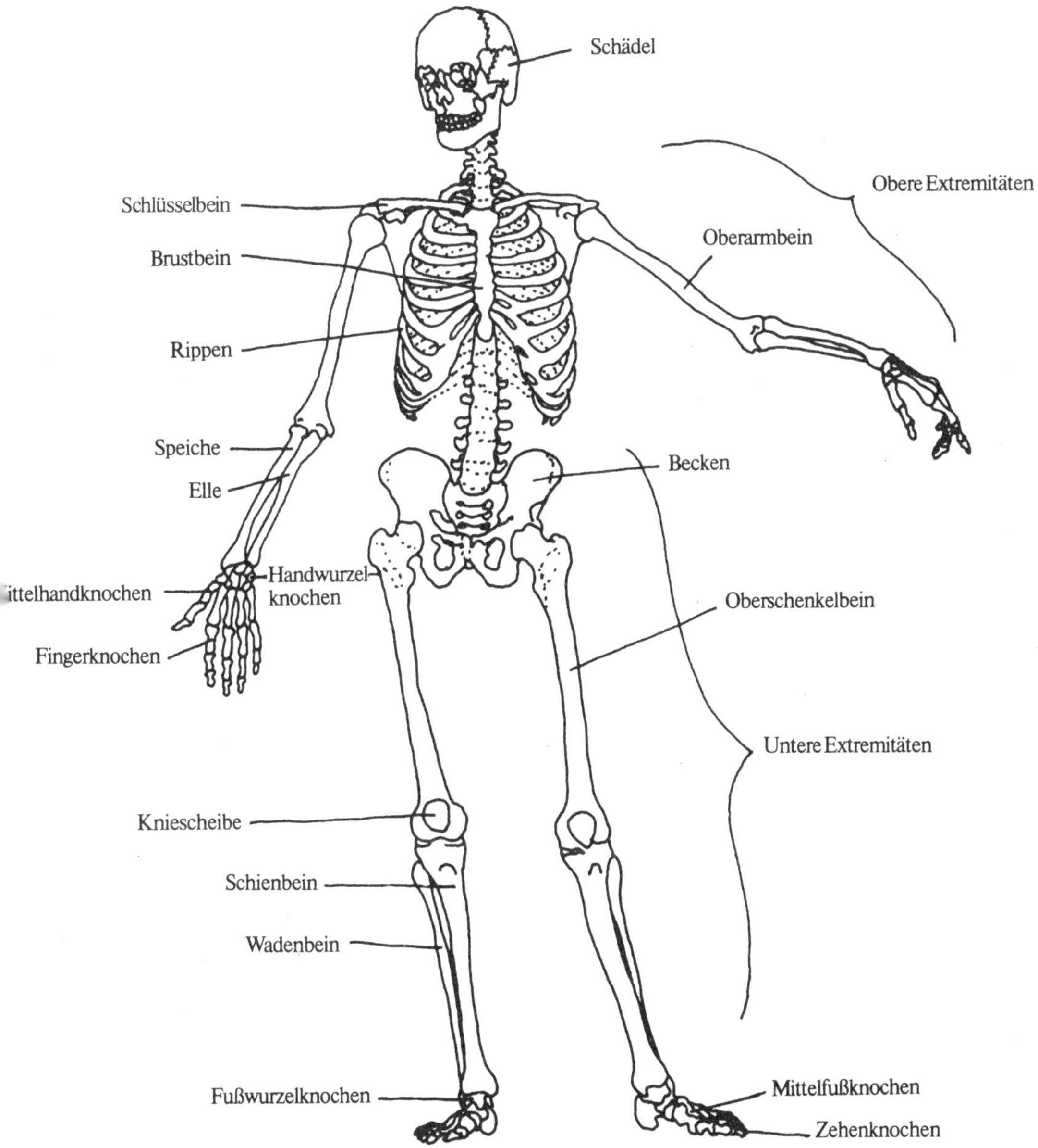
Schädel
Obere Extremitäten
Schlüsselbein
Oberarmbein
Brustbein
Rippen
Speiche
Becken
Elle
ittelhandknochen
Handwurzel-
knochen
Oberschenkelbein
Fingerknochen
Untere Extremitäten
Kniescheibe
Schienbein
Wadenbein
Fußwurzelknochen
Mittelfußknochen
Zehenknochen

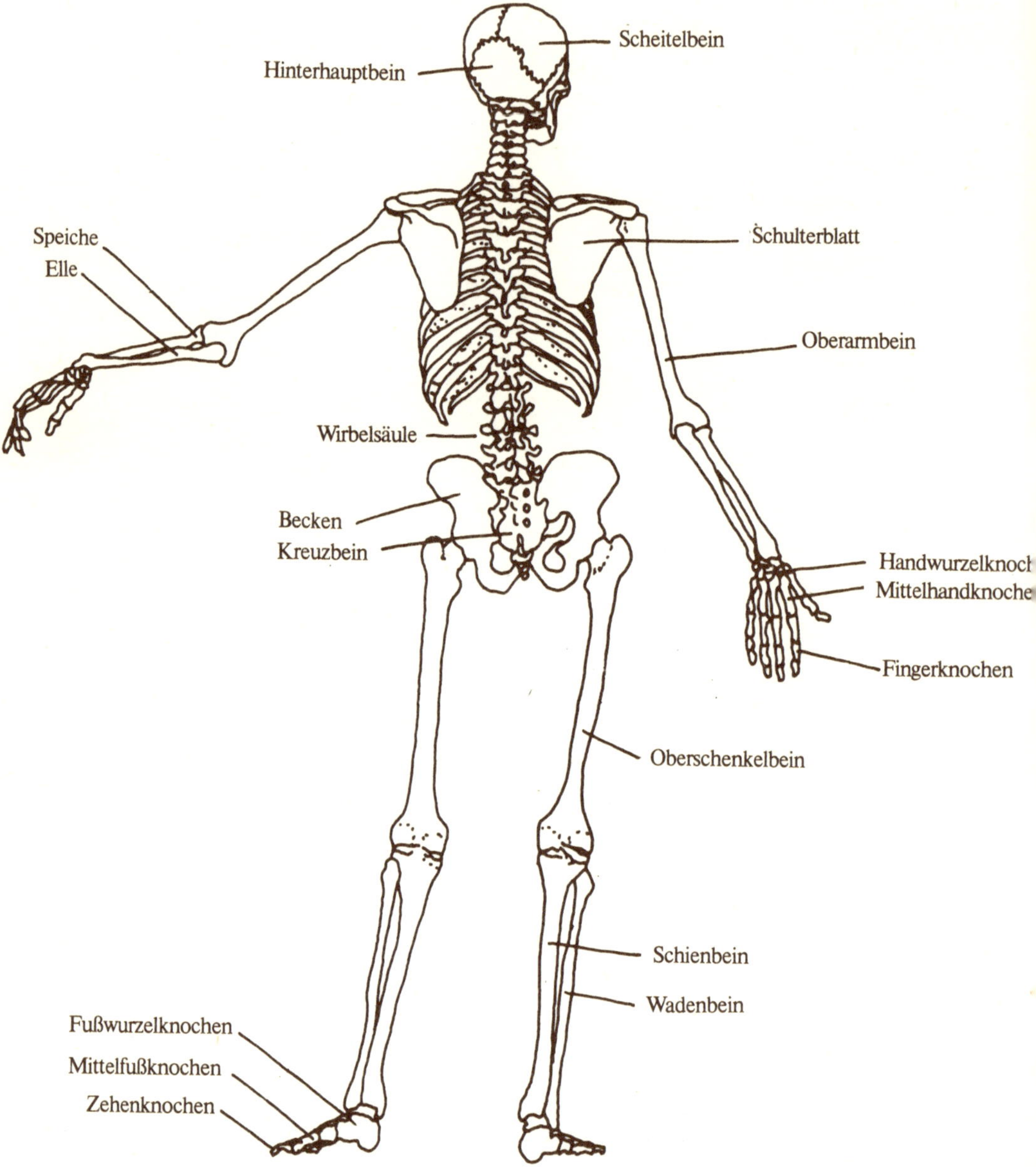
Scheitelbein
Hinterhauptbein
Speiche
Elle
Schulterblatt
Oberarmbein
Wirbelsäule
Becken
Kreuzbein
Handwurzelknoc
Mittelhandknoche
Fingerknochen
Oberschenkelbein
Schienbein
Wadenbein
Fußwurzelknochen
Mittelfußknochen
Zehenknochen

Register

Zur Partner-Massage – die Seelen-Massage durch

Autogenes Training

Sie können das Autogene Training im Selbststudium erlernen und zweckmäßig anwenden. Dazu brauchen Sie das Buch von Dr. Hannes Lindemann

Überleben im Streß – Autogenes Training

Der Weg zu Entspannung, Gesundheit, Leistungssteigerung

Für Gesunde und Kranke – zur Vorbeugung und zur Heilung psychisch bedingter Streßschäden oder Erkrankungen – hält das Buch Trainingsvorschläge und Übungsanleitungen bereit. Ob sie nun unkonzentriert und nervös sind, oder Magengeschwüre, Asthma, Migräne, Heuschnupfen haben oder unter Sexual- und Schlafstörungen leiden – Das Autogene Training kann ihnen entscheidend helfen.
Formen Sie Ihr Leben positiv – gelangen Sie zu ungetrübter Lebensfreude.

MOSAIK VERLAG